クラスで気になる子の支援

ズバッと解決ファイル

達人と学ぶ！

特別支援教育・教育相談のコツ

阿部利彦 編著

金子書房

はじめに——子ども"の"応援団・子ども"が"応援団

今日では、学校で子どもたちが直面する問題も多様化・複雑化してきており、教育相談、生徒指導（生活指導）、特別支援教育、といったそれぞれの枠組を越えた柔軟な手立てが求められるようになってきています。

そんな学校現場で、苦しみ悩む子どもたちのために日々全力で取り組んでおられる、多くの先生方や保護者の皆さんに出会うたび私が感じること、それは、多忙ゆえに皆さんが「疲れきっている」ということです。子どもたちとの毎日の関わりで手一杯、あまっさえ、新しいことを学んでその手法を取り入れよと言われてもそんな暇はない、そこまで余裕がない、という悲鳴にも似た声が聞こえてきます。そうですよね、心身が疲れていたら、専門用語や技法を学び咀嚼《そしゃく》して自分のものにするなんて、とてもできることではありませんよね。

そこで、本書では、通常学級にいるさまざまな困難や支援ニーズを持つ子どもを応援する方法について、多面的な視点を持たせながらも、具体的、実践的で、なるべく取り組みやすい方法をご提案していくことを何より大切にしました。また、章ごとに、子どもを応援する「達人」にご登場いただき、阿部とは別な視点からのさまざまな支援のアイデアをご紹介いただいています。ご協力いただいた「達人」は、それぞれ学校臨床心理学、行動療法、応用行動分析、感覚統合などについての高い専門性を身近な取り組みにつなげ、素敵な実践をされておられる先生ばかりです。私がリスペクトし、常に刺激を受け、そして子どもへのあたたかいまなざしを共有できる「達人」に集結していただき、執筆陣は実にぜいたくなラインナップとなりました。

さらに単行本化にあたり、「児童心理」連載時には誌面の関係でお伝えしきれなかった部分について「達人」の皆さんに大幅な加筆をいただきました。そして、連載時にはお目見えしなかった「新・達人」にもご登場いただいて、さらなるパワーアップを果たしました。連載時に応援してくださった読者の皆さんにも、たくさんの新しい発見をお届けできることでしょう。「達人」たちの惜しみないご協力のおかげで、多くの方のニーズに応えられる、バラエティ豊かでさまざまな示唆に満ちた一冊になったと自負しています。

本書は章ごとに独立していますので、目の前で困っているお子さんの状態に近いケースの章から読んでいただいても、あるいは、興味をお持ちのテーマから読み進めていっていただいても構いません。「達人登場！」コーナーまでは、なるべくわかりやすく、すぐにでも実践していただけるような展開をお願いしました。「達人」の皆さんは私のわがままなお願いに全力で応えてくださり、それぞれの個性あふれる素晴らしい支援をご披露くださっています。そして、最後の「ズバッとカード」では、章ごとのエッセンスをまとめてみました。お忙しい方は、ここを読んでいただくだけで、十分実践に役立つ知識を得ることができます。

それに加え、各章の終わりに、さらに専門的に踏み込んだ「教えて達人！」コーナーをご用意いたしました。もっと知識を深めたい方は、どうぞお役立ていただきたいと思います。

また、「ちょいトレ」というコラムでは、面接や相談を行う際のテクニックをご紹介しています。これは、私がこれまでの実践の中で悩んだとき、つまずいたときに、「達人」や先輩から伝授していただいた技です。難しくはありませんので、よろしければこの「ちょいトレ」をちょっと意識しながら面接や相談を行ってみてください。今までと違う視点や関わりが見えてくるきっかけになってくれれば幸いです。

さあ、本書でぜひ私たちとともに、支援のスピリットとテクニックを学んでください。

そして、子どもたちみんなが本来持っている、その子なりの「輝き」を引き出すべく、子どもたちを応援していきましょう。こうして子どもたちが輝き始めたそのとき、今度は子どもたちが私たち大人の「応援団」となってくれて、きっと私たちにたくさんの心のエネルギーを与えてくれるに違いありません。

阿部　利彦

目次

COLUMN：**ちょいトレ**——子どもや保護者に寄り添える支援者を目指して

本文デザイン　岡田真理子
本文イラスト　加藤恵子

クラスで気になる子の支援

ズバッと解決ファイル

達人と学ぶ！

特別支援教育・教育相談のコツ

No. 1 ケースファイル

すぐあきらめてしまう子

「がんばれ！」以外の働きかけを

学校におじゃますると、クラス目標が掲示してあるのをよく目にします。そこには「明るく元気に」、「自分から進んで」とか「ねばりづよい子」などと書いてあったりします。

さて私たち大人は、子どものあるべき姿として「明るく積極的な子」、「何事にも前向きに取り組む子」であることをつい当然のように求め、そうでない子に対しては、「やる気がない」「無気力」といった判断を下しがちです。

それでは、すぐあきらめてしまう子に対しては、「やる気を出せ！」「がんばれ！」と励ませばよいのでしょうか？　しかし、それだけでは足りないことを私たちはすでに実感しています。そんな子どもには、どのように働きかければよいのでしょうか？

ケースファイル No.1

すぐにあきらめてしまうユリコさんの場合

ユリコさんは小学四年生です。彼女はとてもおとなしい性格で、お友だちと積極的に関わるタイプではありません。休み時間などは、元気な友だちに誘われてなんとなくついていく感じです。先生は、ユリコさんの笑顔を見ようと休み時間にいろいろ話しかけるのですが、首を傾げたり、困った表情をしたりすることはあっても、ニコニコすることはあまりありません。

授業中呼名すると、教卓まで届かないようなかぼそい声で答えます。質問に対しては、じーっと固まったまま立ち尽くしています。体育時の着替えなども遅く、先生が励ましても手を止めてしまい、そのうちしくしく泣いてしまうので結果的に手伝うことになってしまいます。苦手なことや初めてのことに取り組もうとせず、最初からやらないか、やってみてもすぐにあきらめて拒否してしまうので、先生もお母さんも心配しています。

「すぐあきらめる子」は「一歩先を読む子」でもある

実はこのタイプには、とても感受性が豊かで、繊細で、かつ、ちょっと先まで見通してしまう力を持った子が多いのです。不登校の子の中にも見られ、「『どうして休んでたの』と友だちに聞かれたらどうしよう」、「自分の席がなくなってるかもしれない」、「授業が進んでて、当てられても答えられないかも」など、あれこれ考えてしまい行動できなくなるのです。同年代の子が考えないような先々のことを予測して悩む……これはある意味、高い能力だとも言えます。本人にとっては苦しい面もあるでしょうが、そんな能力は、彼女の「いいところ」でもあるのです。

こんな声かけをしていませんか?

やればできるんだから、ちゃんとやりなさい

これは、あきらめやすい子に、つい私たちが言ってしまいがちな言葉です。でも賢い子は「どうしてそう言い切れるの」「そんな気休め言って」と内心では思ってしまうようです。子どもだからといって、あまり根拠のない説得をするのは決してよくありませんね。とくに、一歩先を読むような感性の豊かな子どもたちに対しては、丁寧に関わってあげることが大切になってきます。

声かけでのポイントは、われわれ大人が、学校の「めあて」にありがちな「しっかり、きっちり、ちゃんと、がんばる」といった完全を求める感覚から抜け出して、「うまくいかなくても大丈夫だよ」というニュアンスを含めた言葉かけをしていくことです。

ズバッと 1

解決のためのアプローチ①

日常生活のスキルを高める

さて、教育相談や学校カウンセリングの視点では、その子の心理ばかりに焦点を当ててしまいがちです。もちろんそれも大切なことですが、ユリコさんのようなケースの場合は、日常の生活能力も把握しておきましょう。

たとえばS－M社会生活能力検査などを活用して身辺自立が何歳程度まで獲得できているかチェックします。また時計の読み、曜日の意識など生活で必要な能力も把握しておきましょう。これらのアセスメントにより意欲の問題だけではなく、スキル不足や時間的見通しの持てなさが背景にあると検討された場合は、より丁寧に日常生活スキルの訓練的な指導を実施することが必要になってくるでしょう。

ズバッと 2

解決のためのアプローチ②

その子の「強み」を引き出そう

一歩先を読むユリコさんに対しては「これなら私でもうまくできそう」と見通しが持てそうな場面や活動を意図的に提供していく、これがポイントです。そして「どうせ私なんてやっても無理」という思いから、「あれ？　私もなかなかじゃん」というステップへ、そして「私もいいじゃん」と感じさせ、さらに「私もすげーじゃん！」という自信につなげてあげるのです。

大切なのは、関わる大人が積極的に「あなたってよく気がつくよね」「すごく丁寧にできてるね」「ニコッとするととても素敵だよ」と、ことあるごとに「いいところ」を伝え、本人に意識させることです。他の子との比較でなく他の誰でもない、その子だけのオリジナルな「いいところ」をたくさん見つけて伝えてあげてください。

ズバッと3

解決のためのアプローチ③

クラスのムードに気をつけよう

一歩先を読む子というのは、人のことをよく観察しています。もし、先生がユリコさんにだけ「間違っても怒ったりしないよ」「うまくいかなくても大丈夫よ」と声をかけても、他の子には「ちゃんとやりなさい」「どうして遅いの」と言っていたら、ユリコさんも「やっぱり私も、ちゃんとやらなきゃダメなんだ」と思うでしょう。

先生方は、クラスに投げかけている自分のほめ言葉をぜひ振り返ってみてください。「早くできてるね」とか「きちんとできてすごいね」という類の言葉が多いなあと感じたら、少し気をつけてみましょう。

たとえば、「完璧か」や「早くできたか」のような結果に対する視点ではなく、「作業の過程を楽しめたか」「その子らしさが出ているか」といった視点でほめてみるのです。自分たちの「ほめ方」のパターンを把握し、バリエーションを増やせるよう工夫していきましょう。

また、大人とその子との二者関係だけで捉えず、たとえば学校場面では、クラス全体の雰囲気にも注目してください。クラスの中に「うまくいかなくても大丈夫」「みんなと違ってもいいんだ」というムードができていることが、本ケースではとくに重要になってきます。

菅野 純先生（早稲田大学名誉教授）

私なら、三つのはたらきかけを考えます。

その1 「やれる自分」の記録作り

①**小さなノートを自分で選ぶ**……お母さんと一緒に文具売場に行き、気に入ったノートをユリコさんが選ぶことから始めます。写真も貼れる大きさがよいでしょう。自分でレジに持って行って買えるように応援します。

②**ノートのネーミング**……「自分がやったこと、やれたことをいっぱい記録して四年生の思い出を作るんだよ」と説明します。楽しいネーミングをお母さんと一緒に考えます。『〝できた！〟ノ

ート』などが一例です。

③やれたことの発見と記録……その日できたこと、そのときやれたことを発見して、ノートに書くよう指導します。どんなささいなことでもよいのです。「国語の時間に手をあげられた」「給食当番でパンをみんなに配ることができた」など。家での出来事も記入し、語尾は「できた」「やれた」という言葉にします。書く力に応じて単語レベルから短文レベルまで、記録が負担になりすぎないよう注意します。またユリコさんが何かをやっている姿や作品などの写真、自分で買えた映画の切符や買物レシートなどもノートに貼っておきます。この「やれる自分」の記録作りは、他児との関わりも考慮して基本的には家庭で行い、学校で先生が目を通す形で行います。

④プラスのフィードバック……お母さんには「毎日同じでも、当たり前と思うことでも、必ずほめてください。よかったねと喜んでください」とアドバイスします。先生も「毎日ユリコさんのノート見るの楽しみだなあ」とたくさんプラスのフィードバックをしてあげることが大事です。

⑤チャレンジ……『〝できた！〟ノート』の中に少しずつ「チャレンジしたこと」を入れていきます。先生からユリコさんに「～にチャレンジできたね」と投げかけるようにします。自分の力でやれることを確かめ、自己効力感が高まると、すこしハードルの高いことにも取り組んでいく意欲がわいてくるのです。

⑥留意点……ユリコさんが「できたこと・やれたこと」をなかなか自分で発見できないときは、先生が発見したものを連絡帳でお母さんに伝え、それを家庭で記入することから始めるとよいで

しょう。

その2 言葉以外の働きかけ

二つ目は、ユリコさんの緊張をやわらげる方法です。ユリコさんは先生からの言葉かけによってさらに緊張してしまう傾向が見られるようです。言葉を少なめにし、言葉以外の働きかけも工夫してはどうでしょうか。「これ持ってね」「壁の絵の貼り替え手伝ってね」「これを○○さんに渡してください」など、物を媒介として人と関わる方法です。物が言葉の代わりとなってユリコさんとの間を行き来するのです。また、ユリコさんがいつも誰かから「してもらう」のではなく、誰かに「してあげる」自分も体験することができるはずです。

その3 クラスの子どもたちへの投げかけ

ユリコさんがクラスのために行った「お手伝い」を、クラスの子どもたちに紹介します。「できない・やらない」「おとなしい」というイメージがクラスの中で固定化しないよう、「できる・やりとげる」イメージを少し強調して投げかけるのです。

「やれる自分」に気づき、周囲の評価も変わっていくと、自己効力感が高まり、あきらめずに苦手なものにチャレンジする心も育ってくるのではないでしょうか。

「ズバッと」カード▼ No.1

自分の力でやれることを確かめ、自己効力感が高まると、少しハードルの高いことにも取り組んでいく意欲がわいてくるでしょう！

教えて達人！

より深く学びたい人のために

「支援者としての心得（その1）」

子どもの成長を応援する支援者が心がけたいことを、私なりに二つ記してみましょう。

(1)「あきらめない」モデルを示す

子どもと関わる大人のあり方が、子どもにとっての成長モデルとなることをいつも心しておくことが大切です。子どもに体罰を加えれば、子どもに暴力のふるい方を教えることになります。子どもに思いやりの気持ちを注げば、思いやりの仕方を教えることになるのです。「あきらめてはいけない」といくら言っても、こちらが子どもの成長をゆったりと見守ることができずにイラ

イラしていれば、子どもは困難に出会ったときに焦ったりすぐ見限ってしまったりする態度を学んでしまうことになるでしょう。

子どもの成長を根気強く見守ることが、子どもにとって「あきらめない」モデルとなるのです。

(2) 支援者同士が認め合う

保護者と先生、カウンセラーなど、子どもの成長を支援する同士が、互いを認め合うことを心がけたいものです。

子どもへの働きかけがうまく実らないとき、原因を誰かに求めがちになります。「これだけしているのによくならないのは、親がわが子の教育を手抜きしているからだ」「先生がわが子にもっと親身に関わってほしい」「カウンセラーが子どもや親を甘やかしているのでは」などと。

このように自分以外のところに原因があるはずだと思いこみ、互いに批判し合ったり非難したりする事態になると、子どもの支援からはどんどん遠ざかり、支援どころか反対に子どもを苦しめることになってしまいます。

誰かを批判したり、否定したりしたくなるのは、自分の心に焦りが生じ、ゆとりがなくなってきている証拠なのです。そのことに気づきたいものです。

ゆとりを取り戻すためにはどうしたらよいのでしょうか。まず「それぞれの立場で一生懸命やっているのだ」と支援者同士がお互いに労をねぎらい、認め合うことです。認め合うことで、心にゆとりが生まれ、子どもと根気強く関わるエネルギーもわいてくるのです。

次に、その気持ちを実際の行動で相手に伝えます。「お母さんの気持ちが○○さんに必ず届いていますからね」「先生がいつも心にかけてくださっているので、私も何とかがんばれます」「カウンセラーの立場からの視点で見ると、これまでは気づかなかったことがよく見えてきます」などと。手紙やカードなどでのメッセージでもよいでしょう。

支援者同士がよく認め合い、協力し合うことは「困ったときにこそ互いを信じて助け合う」という成長モデルを子どもに示すことにもなるのです。

（菅野）

COLUMN：ちょいトレ
子どもや保護者に寄り添える支援者を目指して
1

服の印象を相手に合わせる

私たちは、子どもたちのノンバーバル（非言語）な部分もよく観察して、よりよい関わりを模索します。そして、当たり前のことですが、同様に私たちもクライアントにしっかり観察されているのです。とくに、初めて顔を合わせる場面においては、保護者の方も「この人はどんな人だろう」とじっくり探るようにこちらを観察しています。庁舎に来ていただくときなどは子どもも緊張しますから、役所勤めの私は、せめてネクタイを外すようにしています。まず見た目から相手に合わせる、というのはとても重要なことなのです。

私のかつての上司、荘司章也先生は、面接する方に配慮して、ネクタイ姿をセーターに変えたり、服の色合いを配慮したりしていました。初対面のクライアントさんを想像して、その方に「この人なら相談したい」「緊張してたけど、なんかホッとした」という第一印象を持ってもらうためです。会う前に相手に配慮する……顔を合わせる前から、もう相談は始まっているのです。

ケースファイル No. 2

パニックになりやすい子

大人も一緒にパニックに？

幼児期のパニックには大人一人でなんとか対処できても、だんだん子どもの体が大きくなり、体力もついてくると、その子の身の安全のためにも、大人が数人がかりで対応しなければならないことがあります。とくに自らを傷つけるような激しい行為を伴う場合には、大人の側も動揺してしまうものです。

しかし、パニックへの対応の際、支援する大人までがパニックに陥ることは絶対に避けなくてはなりません。さらにその子のパニックを増大させてしまうことがあるからです。子どものパニックに大人が冷静に対処するためには、どのようなアプローチがよいのでしょうか。

ケースファイル No.2

パニックになりやすいヒロシさんの場合

中学校一年生のヒロシさんは、大変生真面目な性格です。自ら立候補して学級委員になりましたが、人の意見を聞かず、自己流を通そうとするので、うまくこなすことができず、途中でやめさせられたことがあります。

新しい学習や活動の場面で自分のイメージ通りにできないと、周囲のペースに関係なく「自分のしたいこと」にこだわります。まわりの生徒がアドバイスしてくれても、自分のやり方を変えず、ときには「バカにされた」「責められた」と言い、耳をふさいだり、その場から逃げ出したり、急に泣き出したりします。小学校時代は、よく大声で叫んだり、床に転がったりしていました。「死ぬ」と言ってカッターを取り出したこともあったそうです。今でも、一度興奮してしまうと一時間くらい治まらず、先生が声かけしても気持ちを切り替えることができません。

こんな声かけをしていませんか？

冷静になろうよ。そうだ、気分を変えて他のことでも考えてみたら？

子どもたちは好きこのんでパニックになっているわけではありません。「あることにとらわれてしまった自分」から抜け出すことができない状態にいるわけです。

そんなとき、なんとか気持ちを切り替えてあげようと、このような声かけをすることがあります。もちろんうまくいく場合もありますが、ヒロシさんのようなタイプだと「大事なことで悩んでるのに、他のことなんか考えられるか！」と思うでしょう。パニックになるくらい、そのことが彼にとって重要で、ゆずりがたいものだ、と受け止めてみましょう。

ズバッと 1 解決のためのアプローチ

「クラスでの助け合い」について確認する

友だちにアドバイスしたり、手伝ってあげたり、そんなふうに助け合えるクラスはとても素晴らしいのですが、中学生くらいになると、手伝ってもらう側にも都合やプライドがあるということを確認し合うことも必要です。もちろん「ヒロシさん」の話に言及せず、クラス全体の問題として取り上げるようにします。とくに「誰かを注意することはまず先生の仕事である」ということを確認し、さらに、友だちを手伝うときには「よかったら、力を貸そうか?」「一緒に考えようか」と相手に尋ねる、といったマナーがクラスに根づくよう働きかけましょう。

ズバっと 2

解決のためのヒント

パニックについて整理してみる

パニックが治まるとケロッとしている印象の子もいますが、パニック中の子どもというのは爆発してしまいそうな激しい力を出していますので、体への負荷も相当なものです。一番つらいのは子ども本人ですから、大人としてはぜひ落ち着いて対処し、少しでも早くクールダウンさせてあげたいものです。

よく「パニックになったらどうしたらよいか」と聞かれることがありますが、その前に「どのようなときにパニックが起きやすいか」「パニックが本人にとってどのような意味を持つか」を整理しておくことが、落ち着いて対処するために役立つと思います。

原口英之先生（国立精神・神経医療研究センター精神保健研究所　臨床心理士）

「子どもがパニックになるのを見るのはとてもつらくて、すぐにでもやめさせたい……」そんな思いを抱えている方は多いのではないでしょうか。そのような思いからついパニックになってしまう子どもを叱ってしまったり、ときにはパニックになっている子どもの体を押さえたりしてしまうこともありますよね。そんなとき私は、まずはその気持ちを抑えて、パニックになりやすい状況となりにくい状況を整理しておきます。

①どのようなパニックか
②どんなときにパニックになりやすいか
③周囲の人がどうするとパニックが治まるか、子どもがどうなるとパニックが落ち着くか
④パニックにならずに済むときはどんなときか

この四つのポイントを大切にしています。このような情報を集めて整理していく中で、子どもがパニックになる理由が見えてきます。そして同時に、子どもがパニックにならずに済むためには、周囲の人がどんなふうに関わるとよいか、子どもにどんな力を育ててあげるとよいか、解決のためのヒントが見つかります。

では、実際にヒロシさんの場合について、パニックの理由、パニックにならずに済む工夫、パニックになったときの対応の三点を考えていきましょう。

パニックになりやすいのはどうして？（パニックの理由）

ヒロシさんの場合は、他者の意見が理解できなかったり、イメージがわかなかったり、自分にとっては全くメリットがないと思ったりすると、他者の意見に対してとても不安になり、恐怖すら感じてしまうのです。また、そのような意見を言った他者に対して嫌悪感を抱くこともあるでしょう。ヒロシさんは、そのようなネガティブな感情の状態に耐えることや気分を変えることがとても苦手です。だから、自分でもどうしたらいいのかわけがわからなくなってしまうのでしょう。きっと頭の中は、文字通り〝パニック〟状態です。そのような状態は大人でも耐えがたいことですよね。実はパニックになっている子どもが一番つらいんです。まずはそのことを理解してあげたいと思います。

パニックにならずに済む工夫

(1) わかりやすい伝え方の工夫

ヒロシさんは、他者の意見が理解できたり、イメージができたり、他者の意見が自分にとっても（多少は）メリットがあると思えたりする場合には、パニックにならずに他者の意見を受け入れることができます。なので、まずはできるだけヒロシさんにとってわかりやすい伝え方を心がけましょう。わかりやすい言葉を選ぶことも大切ですが、伝え方にちょっと工夫をするのがポイントです。

たとえばアドバイスをするときには「きみのやり方だとダメだよ」とか「それだとうまくいかないよ」というような否定的なイメージにつながる声かけではなく、「こんなふうにすると、うまくいきそうだよ」というように肯定的なイメージにつながる声かけがよいのです。そうすると、他者の話したことのイメージが持てるので不安が下がりますし、他者に対する嫌悪感もなくなります。さらにパニックになりにくくなります。

そして、他者の意見を受け入れることを励まし、受け入れられたことを認めていきましょう。言葉でイメージが持ちにくいようであれば、四コママンガのように視覚的に手順やルールを示すなどの工夫もよいでしょうね。

⑵感情をコントロールする力を育てる

他者の意見が理解できたとしても、他者の意見を聞かず自分の意見を通したいと思うときもあることでしょう。そう思うこと自体は全く悪いことではないのですが、意見が通らないときにパニックになってばかりでは、社会生活を送る上では大変マイナスになってしまいます。いつも自分の意見が通るとは限らないことを教え、自分の要求が通らないというような葛藤場面に対する耐性や対処法をできるだけ早くに身につけさせておきたいものです。とは言っても、このことは非常に難しいので、どう教えたらよいのか、私はいつも頭を抱えてしまいます。

これは非常に時間がかかることなのですが、鍵を握るのは二つだと思っています。一つ目は「人の意見を聞いていいことがあったな」と思える経験を積ませることです。二つ目は、現在の状況の中でパニックにならずに済んだ〝例外〟のとき、つまりうまくいっているときを本人に自覚させることです。パニックにならずに済んだときには、「人の意見を聞いていいことあったね」「自分の意見が通らなくても怒らなかったね」などと認めてあげることが大切です。そうすることで、ヒロシさんは「怒らずにいられた」「人の意見が聞けた」ということに気づき、それが積み重なると少しずつ自分の感情をコントロールする力が育っていきます。

パニックになってしまったときには

まずはパニックにならずに済む工夫を心がけることが大切ですが、それでもパニックになってしまうことはありますよね。パニックになっているときには自分でもどうしていいのか頭の中が混乱しているので、早めに混乱をといてあげる必要があります。

(1) 事前の作戦会議

普段落ち着いているときに時間を取り、パニックになったときはどうすると気分が落ち着くかを本人と話し合っておくとよいでしょう。自分でできることなのか、他者の援助がいるのかを確認し、そして実際にその方法を試しましょう。ヒロシさんの場合には、頭の中が混乱しているでしょうから、別室など刺激の少ないところへ移動するよう促すとよいです。

(2) 作戦の実行日が来たら……

まずは動揺する気持ちを鎮めて、事前に決めておいた方法を試そうと考えてみてください。子どもと一緒に決めたことですから大丈夫。自信を持ってください。また、パニック時は体温があがるため、涼しいところへ移動したり、水分補給をしたりすると比較的早く落ち着くことがあります。移動した後は静かに見守り、もしくは落ち着いたら戻ってくるよう伝えます。落ち着いたら「今日は早く落ち着いたね」「ここの部屋にいたら落ち着いたね」と本人の落ち着く方法を言語化して伝えます。そして子どものパニックに対応した自分自身のことも、「焦らないで対処できたな」と認めてくださいね。

(3) 本人と一緒の振り返り

振り返るときには、思い出してまた気持ちが高まったり興奮したりしやすいので、本人ができるだけリラックスできる環境で話をしましょう。話し合いを始めるときには、たとえば「いまからさっき自分の身にどんなことが起こったか一緒に整理しようね。もし気分が悪くなったら話を止めるから教えてね」と伝えておくとよいでしょう。ヒロシさんの場合は、他者の言動を「〜された」と被害的に受け取ってしまうこともあるようなので、振り返りでは、起こったことが事実なのか本人の気持ちなのかを分けて考えられるよう話を進めます。人からされたことや言われたことなのか、それに対して自分が考えたことや感じた気持ちなのかを分けることが大切です。事実と自分の考えを色分けして書くと、パニックになったことを客観的に振り返ることができます。書いたものを見ながら、今度同じような場面でどんなことができそうかを話し合い、冷静に対処できるよう励まして振り返りを終えます。

自分がパニックになった場面の振り返りだけをいつも行っていると、振り返ることや先生と一緒に話し合うこと自体に拒否的な感情を生むこともあるので、普段からパニックにならずにうまくやれている場面を一緒に振り返る練習をしておきたいものです。

＊　＊

大切なのはとにかく「事前の準備」です。子どもは見通しを持てないとパニックになりやすいのですが、対応する大人の側も、どんな場面で起こりやすいか、起きたときにはどうしたらよいのか見通しを立てておくことが必要です。そうすることで大人がパニックにならずに済みます。

「ズバッと」カード No.2 >>1

大人がパニックにならないために「事前の準備」を心がけ、パニックが起きていないときにこそ、その子と関わりましょう。

第二の達人登場！

小貫 悟先生（明星大学人文学部教授）

ヒロシさんの持つ課題とそのアプローチ

私の見たところでは、ヒロシさんの課題には次のような四つがあるようです。それぞれについて、〝ズバッと〟解決する方法を考えてみたいと思います。

①自分の考え以外を受け入れられない
→「こわい」をチェック

このような行動は、偏屈、自分勝手と受け止められがちです。しかし、ヒロシさんの気持ちの背景に「自分のペースで進まないと何が起きるかわからなくて、こわい」という気持ちが働いているのではないでしょうか。こうした気持ちを持つ子は「予想できない新しいことが苦手」であることが多いです。私はヒロシさんがそういう性格の持ち主だと考えました。自分の考え通りに事が運べば、自分の予測通りのことしか起きません。それであれば安全な気持ちでいられます。しかし、人の意見や、人のペースで進んでいくと、自分が思ってもいなかった事態が生じたり、対処できないことが起きるのではないかという不安が出ていたりするのです。

もし、そうだとしたら、人の意見の何が不安かを一緒に考えてみることが有効になります。それが特定されれば、今度はそのような不安なことは起きないことを確認したり、もし起きたとしても、そのときの対処方法を決めておくことで、他人の意見も自分の「予測できること」の範囲に入れて受け入れていくことができるようになるでしょう。

②被害者的な言動をしてしまう
→過去のことと現在のこととを分ける

「バカにされた」「責められた」という被害的な言動は、ヒロシさんの心の中で、おそらく過去の体験との重なりが生じたせいであると思います。自分の意見を否定されると、過去に実際にバカにされたり、責められたりしたときの傷が生々しく蘇るのだと考えられます。こうした過去の嫌な《気持ちの蘇り》に対処するためには、以前の出来事と今の出来事が重なってしまったということを自分で気づくように導いてあげることが必要になります。そして、次に同じような言動があったときに「また、昔のことと重なったかな?」と問いかけてあげるようにしたいと思います。過去の出来事が現在の出来事に影響したと本人が気づくと、気分の切り換えが少し早くなります。

③自分の要求を通すための誤った行動をする→言葉の力で勝負させる

ヒロシさんの小学校時代の大声を出す、床に転がる、カッターを取り出すなどの行動は、いずれも、自分の要求を通したいという思いがさせる「誤った行動」です。もしも、ヒロシさんがこうした行動をするたびに要求が通ったとすれば、その行動はヒロシさんにとって「なくてはならないもの」になっているはずです。

幸いなことに、どうもこうした行動は中学生の現在はなくなっているようです。しかし、今も、その場から逃げ出す、泣き出すなどの誤った行動で要求を通そうとするパターンは繰り返されているように見えます。それでは、ヒロシさんにとっても周囲の人にとっても不幸なことです。誤った行動は捨て去らなければなりません。ヒロシさんの年齢を考えますと、そろそろ《行動での表現》から《言語での表現》に導いていく時期になっているように思えます。②のような「過去の蘇り」を整理した後には、①のように「こわさ」を受け止めて解消した上で、自分と相手の意見の接点を探す（折り合う）対話をしたいと思います。その中で、自分の要求を説明する言葉のレパートリーを増やして《言葉での表現》の準備を着々と進め、《行動での表現》の出番をグッと減らしてしまいたいと思います。

④パニックを起こす
→気持ちの温度計作り

感情の混乱（＝パニック）というものは一度火がつくとなかなか治まらないものです。「沸点」に達する前に何とかするしか方法がありません。そのために、普段から自分の感情の高まりに注意を向けるトレーニングが必要になります。日常の中で自分の気持ちを表現する場面を大人が大事にしてあげることを心がけたいと思います。しかし、なかには自分の気持ちを表現したり、気づくことが苦手だったりする子がいます。

そうした子に対しては、方法として「気持ちの温度計作り」をおすすめします。気持ちが少し高ぶってきたら、自分にはどんな行動が出るのか。さらに温度（感情の高ぶり）が上がってくると、どんな様子になるのかなどを温度計の絵の横に書き込んでいきます。それをできるだけ細かく書いたら、その横に、そんなときはどうしたらよいか（例：水を飲みに行く、顔を洗いに行く、休憩を申し出る）などの方法を温度によって決めておきます。その後は、パニックを起こすたびに温度計の出来をチェックして、より実際に使えるようなものにしていきます。

以上、これらの四つの課題に共通するのは「自分を自分で観察する目」をいかにヒロシさんの中に育てるかであると言えそうです。

＊　＊

「ズバッと」カード▼No.2 >>2

自分の「感情の高まり」に注意を向けるトレーニングを積ませましょう！

教えて達人！

より深く学びたい人のために

「子どもの社会性を育むには」

子どもの社会性を育てるための方法論は専門領域で盛んに研究されています。しかし、こうした方法論を学ばなければ、子どもの社会性を育てられないと思うことは間違いです。なぜなら、我々大人は自分の生育歴の中でそれぞれ社会性を身につけて、すでに、ここまでやってきているからです。自分自身を振り返って、どのようにして社会性を身につけてきたのかを考えれば、そこには、すでにたくさんの方法論が存在しているのです。その一つ一つに名前をつけたりしているのが研究領域の内実というと言い過ぎかもしれません。しかし、実際に子どもを目の前にした状況でもっとも参考になるのは、やはり、自分自身の社会性獲得のプロセスになります。

そうしたもののなかで、誰もが納得する社会性を育てる大原則を一つだけ挙げるとすると「体験」の大切さになるだろうと思います。社会性というものは体験を通じてしか身につけられないのです。たとえば「本をたくさん読んで社会性を身につけた」と思う人は一人もいないでしょう。書物や知識で身につけることができないのが社会性というものなのです。つまり「子どもの社会性を育てる」ためには、体験をいかに確保するかが最大のテーマになります。しかし、それは、ただ単に子どもを社会的場面に放り込めば、社会性が育つと言っているわけではありません。周囲に社会的場面が豊富にあるのに社会性に伸び悩んでいる子は少なくないのです。体験を確保した上で、その体験の「質」が問われるのです。

社会的体験が成長の材料として生きるのは、その体験が「Vivid（活き活きした）な体験」である必要があります。それは、楽しくて楽しくて仕方がないような、自分のすべてを投じるような体験です。逆に、前向きでない社会的体験では社会的行動は身につきにくいのです。たとえば、我々大人も「嫌々」参加している社会的場のルールや振る舞い方は身につきにくいという体験をしています。そうした場では、いつまでたっても、集団の中で浮いているような感じになります。このように「前向きに参加する社会的場での体験」が社会性の獲得には大切なのです。

それでは、Vividな体験を得るために必要なことはなんでしょう。ずばり、その子の中に「関心や好奇心を育てる」ことです。自分の関心があるものをたくさん持っている子は、自ずと体験の幅が広がっていきます。好奇心は色々な場に参加していく芽を育てます。そして、その子の楽しくて楽しくて仕方がない様子は周囲に人を呼び寄せます。社会的体験がその子の個性の周囲に自然に生じることが理想的な状態です。その子の魅力とは何か、その魅力を十分に活かせることはないかといった〈「いいところ」を応援する〉ことは、社会性を育てるスタートにもなるのです。

（小貫）

COLUMN：ちょいトレ 2
子どもや保護者に寄り添える支援者を目指して

場面や相手に表情を合わせる

私（阿部）は、現場での師匠で、本書の達人の一人でもある角張憲正先生に、よく面接の様子をマジックミラー越しに見ていただき、自分の相談中の癖や課題を指摘してもらっていました。「真剣な顔でうなずくと、ちょっと怖い」とか「微笑みがひきつっている」などと指摘されたときには、さすがにショックでしたが……。

先生方はどんな表情で子どもと関わっていらっしゃいますか？　巡回相談で、子どもを惹きつけるような素敵な表情の先生に出会うととてもうれしくなります。子どもたちは、先生の表情の変化に敏感に反応しています。

場面や相手に合わせて豊かな表情をするためには、トレーニングが必要です。皆さんも自分がどんな表情で人と関わっているか、上司や同僚に指摘してもらうこともあるかと思います。これはとても大切なことです。自分のことというのは、案外気がつかないものなのです。

疲れがたまったときなど、相談によく来てくださるお母さんから「先生、今日は元気ないわね。大丈夫？」なんて心配されてしまう私は、まだまだ未熟者ですね（笑）。

ケースファイル No.3

「うそ」をつく子

「うそ」をつく子への関わり

「はじめに」でも触れましたが、問題行動のある子どもへの指導については、教育相談、生徒指導、そして特別支援教育を含めた多角的なアプローチを必要とするケースがますます増えてきているのが現状です。

今回取り上げる「『うそ』をつく子」については、従来生徒指導の対象として考えられる傾向にありました。しかし、その子の対人関係のスキル不足や、「うそ」をつかざるを得ない背景などを考えたとき、ただ強い指導をもって「うそをついてはいけない」と教えるだけでは、問題が解決しないことは予測できると思います。また、「うそ」というのは、どこまでが本当なのか見えにくい、あるいは「優しいうそ」「うそも方便」というものもあり、「絶対に、うそをついてはいけない」と単純に割り切れない問題でもあります。

教育相談の研修会などでも、先生方が対応に苦慮されているのが、「うそ」をつく子との関わりでしょう。

ケースファイル No.3

女子児童への関わりで悩むタチバナ先生の場合

タチバナ先生は今年で三年目になる男性の先生です。今年度初めて高学年である五年生の担任になりました。

先生のクラスには、かなり大人っぽくみえるハナさんがいます。おしゃれやトレンドにとても敏感で、雑誌の読者モデルなどにも応募しています。年度当初、彼女は休み時間になるとタチバナ先生のそばに寄ってきて、プライベートなことをどんどん聞いてきました。また、先生がハナさんのことを聞くと、本当かどうか疑わしいような話ばかりします。「親戚にジャニーズがいる」とか「グアム、マウイに別荘がある」とか。ただ、先生としては「他の子とのバランス」を考え、ハナさんとは少し距離をとるようにしていました。

そのうち、ハナさんの持ち物がよくなくなるようになりました。また、クラスの女子にチェーンメールが送られるようになったり、学校裏サイトに「○○先生はBさんのお母さんとつきあっている」などという書き込みが増えたりしました。どうも状況などから、ハナさんが関係している可能性がありました。そこで話を聞く時間を作ると、ハナさんは「先生は私を疑っている」「私は友だちからいじめられている」としくしくと泣くのでした。

校内の先輩の先生から「ご両親とも会ってみたら」とアドバイスを受けましたが、ハナさんのご両親はとても忙しく、なかなか会う時間が作れません。彼女は、幼いころから一人で過ごすことが多かったようです。

こんな声かけをしていませんか？

本当のことを話してごらん

ハナさんのような「『うそ』をつく子」と呼ばれる子どもたちと話していると、「本当のことを話してごらん」とついつい語りかけてしまいます。しかしながらこのような言葉かけは、「疑われている！」と感じさせてしまうため、ハナさんのような子には「うそ」の上塗りをしてしまうきっかけになってしまいます。

「うそ」をつく子は、自分の「うそ」がばれることを何よりも恐れるため、疑われていると感じると、極端に対抗したり反抗したり、また「うその上塗り」をしたりする行動に出ることがあります。「うその上塗り」は、対人関係を悪化させる要因にもなりますし、本人に混乱を招くこともありますので、「うそ」を指摘する意図をもった声かけは控えた方がよいかもしれません。

ズバっと 1

解決のためのアプローチ①

「うそ」をつかなくても心地よい環境を

「うそも方便」と言われるように、コミュニケーションの一つとして「うそ」も重要であるのは事実かもしれません。しかし、このような「うそ」をつかなくてもやっていける友だち関係を築くことは、「うそ」をついて関係性を保つことよりもずっと清々しいことだと思います。殺ばつとした教室では、他人を中傷する「うそ」（攻撃的「うそ」）や、自分を大きく見せるための「うそ」（保身的「うそ」）が飛び交っています。しかし、ほのぼのとした教室には、ありのままの自分を認めてもらえる安心感からか、他人に対して寛容な雰囲気があり、「うそ」ではなく「気づかいのある言葉かけ」があふれています。

ズバっと 2

解決のためのアプローチ②

「サイバー型うそ」への対応

もし、「うそ」の土壌がネットである場合は、対応として積極的な介入が求められます。ネットでの「うそ」の特徴は、わかる人だけで「こっそり」やっているという隠蔽性と、誰が言っているかわからない匿名性にありますので、「うそ」をつく子は、この隠蔽性と匿名性に守られていると感じています。

したがって、隠蔽性と匿名性を無効化すれば、ネットでの「うそ」の頻度と効力は弱まるはずです。ネットでは「掲示板」と呼ばれる自主制作サイトで、他人を中傷する「うそ」が飛び交うことが多いので、学校側はこれらのサイトを常にチェックしている、ということを示すことが有効になります。これらは「見なければいい」「いつか消える」という発想では解決しませんので、悪質な内容の場合は、警察や「迷惑メール相談センター」（財団法人日本データ通信協会）などの専門の窓口に相談すべきです。

ちなみに、書き込まれた内容をプリントアウトして保存する、という対応をされる方がいますが、携帯などに送られたメールは、本体に残しておく必要があります。

ズバッと3

解決のためのアプローチ③

話を聞くときにはペアで取り組む

「こんな声かけをしていませんか？」で取り上げたように、あまり「うそ」を追及せずに、ハナさんとの信頼関係を構築していくのが望ましいスタンスです。しかし、重大な内容で、どうしても取り上げざるを得ない「うそ」も学校現場では出てきます。

タチバナ先生のようなまだ経験の浅い先生の場合、「うそ」に振り回されたり、いらいらして適切な対応ができなかったりして、ハナさんを傷つけてしまうかもしれません。そこで、話をじっくり聞く場合には、学年主任や養護教諭などとペアになって対応することをおすすめします。そして、担任であるタチバナ先生は「受け止める役割」に徹します。先輩の先生は、冷静にハナさんの話を記録したり、整理したり、質問したり（あくまで追及してはなりません）、という形で、会話の舵取りを行うようにします。先輩の先生の役割は、冷静さと毅然的態度で、「サイバー型うそ」の問題と併せ、「あなたのうそはすべてお見通しですよ」「大人はごまかせませんよ」と感じさせることです。

嶋田洋徳先生
（早稲田大学人間科学学術院教授）

「うそ」を「性格」ではなく「行動」としてとらえる

私の場合には、子どもたちのどのような問題でも「問題が起きる状況」と「起きない状況」を調べることから始めます。一般に「うそをついているな」という目で子どもを見始めると、どうしてもそのことばかりに目を奪われがちになりますが、日常生活の中のすべての言動が「うそ」で固められているとは考えにくいはずです。

そこで、どのような状況で「うそ」をつくことが多いのか、逆に少ないのかという情報を整理します。これは、その子どもが「うそ」をつくような「性格」であると固定的にとらえるのではなく、ある特定の状況で生じた可変的な「行動」であるととらえます。そして、その子は、その生い立ちの中で「『うそ』をつく」という行動を「学習」してきたとみなします。

一般に「『うそ』をつく行動」と表現すると、非常に悪い印象が伴いますが、少し見方を変えると、ある意味その子なりの「生きる術」を身につけてきたとみなすこともできます。つまり、初めて出会った人に対して、自分のことに関心をもってほしいと感じたときに、「人がびっくりするような話をする」ことによって周囲の気持ちを引きつけることに成功した経験をすると、次に関心をもってほしい人に出会ったときに、同じような方法を使う確率が上がるのです。したがって、どのようなときに「うそ」をつき、その後で周囲（子ども、大人を問わない）がどのように反応したのかという情報を丁寧に収集することが必要になってきます。

ハナさんの場合、その生い立ちを考えてみると、自分を認めてほしいという思いが結果的に家族の中では十分に満たされず、家族以外の周囲の人に対する承認欲求がとくに強かったのかもしれません。そして、ハナさんが興味をもってほしかったタチバナ先生に対して「びっくりする」話をしても、さほどのってこないことを経験したために、さまざまなエスカレートした行動が見られるようになったのではないでしょうか。

このような理解が正しいとすれば、「話が『うそ』であること」を追及することにエネルギーをさくよりも、それらの話題をうまく受け流しながら、むしろ「問題が起きていない状況（「うそ」をついていない交流)」で、意識的にハナさんとの接触を多くもつことが基本的な関わりになると思います。なぜならば、ハナさんの認めてほしいという思いが『うそ』をつかない」ときに満たされれば、わざわざ「うそ」をつく必要性はなくなってしまうからです。

子どもの「うそ」がばれたときの指導

一方で、「うそ」をついたことが明確になってしまった場合には、いわゆる信頼関係を形成した上で、「うそ」をついたことそのものよりも、その状況の善悪の判断を考えさせるような指導も必要になってくると思います。そして、可能であれば、どのようなことを考えたり言ったりすればその時に「うそ」をつかなくて済んだのかを、一緒に具体的に考えるという関わりがあれば、なおよいかもしれません。

また、持ち物の盗難やチェーンメール、学校裏サイトなどの問題は、明らかになっていることをクラス全体の問題として扱い、みんなにその善悪を考えさせるような機会をもつという方法もあるでしょう。とくに、IT技術の利用によるチェーンメールや学校裏サイトなどの書き込みに対しては、送った人や書き込んだ人を同定しようとすれば、発信元を同定できるという事実を伝えておくことも場合によっては必要かもしれません。

そして、ハナさんの保護者への働きかけもねばり強く行い、明らかになった事実を共有しながら、ハナさんが「うそ」をつかざるを得なかった背景に目を向けることを、ゆっくりと示唆することができればよいのかもしれません。保護者が忙しいなどの理由で、なかなか十分なコミュニケーションを取ることが困難な場合には、とかく目先の事態の解決のみに目が向きがちになりますが、保護者が一連の出来事をどのように考えているのかを丁寧に聞き出して、その保護者に意図が伝わる（機能する）働きかけ方を探索していくことも、重要な視点になります。

「うそ」をつくさまざまな原因・背景

子どもたちが「うそ」をつく主な原因には、ハナさんの例のような「注意を引くため」のほかにもいくつかあります。その一つは「目的を達成するため」の「うそ」です。たとえば、相手に対して力をもっていることを誇示したい、相手に好かれたいなどの目的があったり、手に入れたいものを手に入れるための方略であったりします。「力の誇示」に関しては、何かの（社会的に容認される）グループのリーダーなど適切な機会を与えていくことなど、「好かれたい」、「手に入れたい」に関しては、「うそ」をつく以外の方法で適切に目的を達成できる方法を具体的に示していくことなどの対応方法が考えられます。

また、「自分の不都合を避けるため」の「うそ」は、叱られないようにしたり、罰を避けたりするために用いられます。この場合の対応は難しいことが多いですが、信頼関係を築いた上で、じっくりと話し合うことが基本になると考えられます。また、この場合には、事実を確認することと、指導する（叱責する）ことを分けて考えていくことが有効な場合もあります。とくに、事実を確認しようとする場合には、子どもたちが過敏に反応しやすいキーワード（いじめ、万引きなど）の使用を避けて具体的な行動で話を進めたり、不用意に他者に話が聞かれないような場所で話し合いをしたりすることによって、不必要な心理的な圧迫をかけないような工夫をすることができます。

さらに、他人への不平不満や敵意感情からもたらされる「仕返しのための『うそ』」である場合もあります。この場合には、事情をよく聞いてあげることによって、不平不満や敵意感情が生じた背景によく耳を傾ける必要があります。ここで重要なのは、問題の背景にあることを理解してあげることは、「うそ」をつくというような不適応的な行動を許容することとイコールではないということです。つまり、背景にあるネガティブな感情が生じたところまで共感し、その後の行動が不適切であったことをゆっくりと伝えていく、そして可能な限り、「うそ」をつく以外にどのような方法があったのかを具体的に考えていくという対応方法が考えられます。

いずれの場合も「『うそ』をつく」ことでどのような「結果」が得られているのかに目を向けること（機能に着目すること）が肝要です。また、年長になると、まれに小児統合失調症や解離性障害が疑われることもあります。「うそ」が文脈的に理解しにくいなどの場合には、専門家への相談も考慮してみましょう。

「ズバッと」カード No.3

「『うそ』をつかない」ときにこそ気持ちが満たされれば、その子はわざわざ「うそ」をつく必要がなくなるでしょう。

教えて達人!

より深く学びたい人のために
「教育相談に生かす行動療法」

行動療法は、心理療法あるいはカウンセリングの代表的な手法の一つであり、学習理論や行動理論を基盤として、さまざまな症状や不適応（問題）行動の改善を図ることを目的とした治療技法の体系を指します。

行動療法の考え方の特徴としては、人間のさまざまな行動は、適応的な行動であっても不適応的であっても、それまでの「学習」によって身についたと考えるところにあります。この心理学で用いられる「学習」という用語は、単なる教科等の学習を指すわけではなく、新しい行動が身についたり、それまでの行動が変化したりする過程のことを指します。したがって、行動療法は、結果的にさまざまな症状や不適応行動とされるものが、どのように学習されてきたのかを分析し、再学習の手続きを用いることによって、問題は解決に向かうであろうというシンプルな原理に基づいています。

●オペラント学習について

行動の基本的な学習のタイプには、レスポンデント（パブロフ型）学習と、オペラント（スキナー型）学習の二つがあります。とくに、教育相談の場面においては、後者のオペラント学習で理解できる行動が多いことから、ここでは主にオペラントタイプの働きかけ（応用行動分析と呼ばれることもあります）の説明をします。

オペラントタイプの行動の理解の際には、三項随伴性と呼ばれる「先行刺激→行動→結果事象」という関係性の記述を行うことからはじめます。ごく簡単にまとめますと、どのようなときに（先行刺激）、どのような行動をして（行動）、どのような結果が得られたか（結果事象）を整理することになります。ここで、ある「行動」をしたときに自分にとって望ましい「結果事象」が随伴すると、次に同じような状況（先行刺激）では同じような「行動」を行う確率が上がり、逆に自分にとって望ましくない「結果事象」が随伴すると、その確率が下がることになります。

教育相談の場面においては、特定の行動が問題になること（あるいは問題を特定の行動の問題に集約できること）が多いことから、その行動がどのような状況（先行刺激）で「生じているのか」、「生じていないのか」を調べていくことになるのです。そして、次にその行動に対してどのような「強化子（本人にとっての快刺激）」が随伴しているかを調べていきます。

強化子は必ず行動の後に随伴しますので、「問題が続く原因（維持要因）」に関して、「問題が生じた原因（生起要因）」との区別を試みながら、整理していくことになります。ここでいう「強化子」は、具体的な物というよりも、本人にとっての望ましい状況の変化（自分にとって都合のよい状況になる、自分にとって都合の悪い状況がなくなる）と考える方が実際的です。これらの整理を行った後、問題が維持している悪循環を断ち切り、同時に良循環を形成することができれば、問題は解決に向かうことになります。

このようにオペラントタイプの三項随伴性に基づいて援助を行う際には、不適応的な行動の随伴性を分析し、適応的な行動の随伴性に置き換えることに集約されることになります。そこで、不適応的な行動を減らすためには、やはり三項随伴性の各要素に対応するように、きっかけとなる先行刺激を減らす（環境調整を行う）、別の行動に置き換える、行動の後に本人にとって望ましい状況を作らないようにする、といった三つの働きかけの側面が考えられます。同様に、適応的な行動を増やすためには、三つの働きかけの側面から、先行刺激を増やす、望ましい行動を練習する、行動の後に本人にとっての快刺激（ほめるなど）を随伴させることが考えられます。

教育相談の中でしばしば強調される「いいところ探し」は、行動療法の立場から理解すると「適応的な行動を増やす」ことを行っていると考えられることから、「どのようなときに（先行刺

激）」の観点を加え、同時に「不適応的な行動を減らす」働きかけを行うことができれば、より効果性の高い「いいところ探し」ができるようになると考えられます。

行動療法、とくにオペラントタイプの考え方は、人間が行動を身につけたり、変化させたりする原理そのものに基づいていますので、一般の子どもの教育相談への適用はもちろんのこと、発達障害を抱える子どもの特別支援教育への適用も非常に多く行われています。具体的な個別支援計画などの作成の際には、行動療法（オペラントタイプ）の考え方は、その拠りどころとなることが多くなっています。

また、そのような子どもに対する直接的な支援ばかりでなく、間接的に、保護者や学校の教師に対し、子どもたちの行動をオペラントタイプで理解し、具体的な関わりの案出の方法を身につけることを目指した「ペアレント・トレーニング」、「ティーチャー・トレーニング」、「行動コンサルテーション」と呼ばれる、行動療法の観点から体系化された支援方法も数多く実践されています。

●認知行動療法について

最近は、伝統的な行動療法の考え方を、「認知」と呼ばれる「物事のとらえ方や考え方」にも拡張し、「認知行動療法」として用いられることも非常に多くなってきました。認知行動療法では、行動療法の技法に加えて、認知の変容（認知的再体制化）の技法が多く採り入れられています。ただし、その際にも認知の「学習」の考え方や「三項随伴性」の考え方の基本は、行動療法と変わりがありません（なお、認知療法から発展したタイプの認知行動療法の場合にはその説明が異なることがあります）。

また、とくに認知の変容に関しては、旧来は子どもへの適用が難しいとされてきましたが、子ども用ワークシートの開発や焦点を絞った働きかけの工夫によって、現在では教育相談にも多くの適用が試みられています。これらの認知の変容を用いた援助方法は非常に適用分野が広く、子どものさまざまな症状や不適応的行動の背景にあるとされる、「ストレス」の軽減を考える際にも、ストレスの生じる原因となる「ストレッサー」に対する子どもの認知（認知的評価）を変容することによって、高い効果が得られることが示されています。

（嶋田）

COLUMN：ちょいトレ 3

子どもや保護者に寄り添える支援者を目指して

相手に姿勢を合わせる

子どもをなだめたり注意したりするとき、皆さんはどうしていますか？　おそらく突っ立って上から見下ろしたまま話したりせずに、しゃがんでその子の目線まで降り、威圧感を与えない配慮をされているでしょう。

子どもや保護者にプレッシャーを与えない配慮に、姿勢を合わせる、という方法があります。たとえば背筋がピンと伸びてはきはきした先生は素敵ですが、元気がない方、不安が高い方には、それもなんだか圧力に感じられることにお気づきでしょうか？　ましてや、肩を落としているお母さんを、「さあ、元気だして！」と強く励ますようなことはあまり適切とはいえません。

面談の際、がっくりしている方、緊張でちぢこまっている方には、こちらも最初は少し前かがみで話してみましょう。そして少しずつ、自分の体を起こしていきます。するとそれにつられるように、相手も知らず知らずのうちに姿勢を起こしてきてくれるのです。一回の面談時間内で難しい場合は、相手のペースに合わせゆっくり進めていくようにします。これは、私の大学時代の師匠で、本書の達人の一人でもある、菅野純先生に教えていただいたテクニックです。

ケースファイル No.4

落ち着きがない子

落ち着きがない子が増えていくクラス

「落ち着きがない子がいます。学校に行動観察に来てください」。そんな依頼をよく受ける私（阿部）ですが、「行動観察の対象はいったいどの子？」と迷うほど、授業中フラフラしている子が大勢いるクラスがあります。

四月当初は落ち着きのない子は一人だったのに、真似する子がだんだん増え、クラス全体が、わさわさ、ざわざわしています。先生の叱責する大声が響く中、それを気に留める風もなく、まるで休み時間のように振る舞う子どもたち。そうやってその場では楽しく過ごしている彼らですが、大切な学びの時間を失い、損をしたことに後から気づかされることになるのです。

そんな「もったいない」ことになってしまわないように、大人たちはどう関わればよいのでしょう?

ケースファイル No.4 授業中立ち歩いてしまうシロウさんの場合

小学校三年生のシロウさんは大変明るい性格です。みんなの前で面白い踊りを踊ったり、おどけてみせたりする人気者なのですが、授業中わざと変な答えを言ったり、周りの席の子とおしゃべりをする場面もよく見られます。そんなシロウさんの行動につられてしまう、ジョウジさんなどのクラスメイトが多くいます。

また、シロウさんは、始業のチャイムが鳴っても、なかなか着席できません。ゴールデンウィーク明けには、離席して他の子にちょっかいを出したり、教卓の上にある物をいじったり、突然トイレに行ったりし始めるようになりました。

六月を過ぎたころには、離席していなかったジョウジさんも、シロウさんと同じように立ち歩くようになり、クラス全体のムードはさらにざわざわと落ち着かなくなってしまいました。

こんな声かけをしていませんか？

何度言ったらわかるの！　いい加減にしなさいっ！

私たちは、何度注意しても同じことをされると、イライラしてきつく叱ってしまいがちです。ですが、「動き出す前に一呼吸置く」といったことが苦手な、「思いついたら即行動」タイプの子どもに、いくら注意を繰り返したとしてもあまり効果は期待できません。しかも、シロウさんの行動に敏感に反応するクラスメイトの存在など、本人の力ではコントロールできないことが周囲にあふれていれば、なおさらです。

このような場合には、シロウさんだけを注意するよりも、むしろ周りのクラスメイトを育むべきです。それが、シロウさんが「立ち歩く」という行動のきっかけと維持要因を取り除くことにつながるからです。

ズバっと1

解決のためのアセスメント

課題に向かうスキルと人的環境のチェック

まずシロウさんの、①学力、理解力はどの程度か、②注意をどのくらいの時間向けていられるか、③授業の内容、進め方が本人のレベルに合っているか、について検討します。本人の力を把握し、どんな手立てがあればその力を発揮できるかがわかれば、本人が取り組みやすいような課題を設定できるからです。

それに加えて、同じような状況なのに立ち歩くときと集中できるときとがある場合には、周りのクラスメイトの状況がどのようであったかをみます。真似する周りの子どもたちに影響を受けているようなら、座席の位置、グループの構成などに配慮します。

ズバっと 2

解決のためのアプローチ①

学習活動や課題をスモールステップで

シロウさんには、次のような支援が効果的です。

①活動の目標（ゴール）を示す
②活動の流れを視覚的に示す
③活動を小さなステップにして、こなせたら、できたことをその都度確認する

どう励ますかも考えておきましょう。何度も説明しないでいいように、目標をノートなどに貼っておくのもよいでしょう。また、目標とする行動ができたらシールがもらえたり、休み時間のレクリエーションで好きな遊びができたり、といった楽しみがあると取り組みやすくなります。友だちからの注目が嬉しい子なので、みんなの前でほめたり、できたことをグループで報告し合う機会を作ったりするのもよいかもしれません。

なお、目標はあまり欲張らず、絞り込みましょう。子どもの集中力を引き出すには、支援する大人側の「根気」がまず必要なのです。

ズバっと 3

解決のためのアプローチ②

クラスの人的環境を調整しよう

シロウさんの立ち歩きは、周りの友だちからの影響を大きく受けています。クラスメイトたちが授業に集中してくれるようになれば、立ち歩いてしまうきっかけを減らすことができます。シロウさんの目標は、クラス全体でも目標にするといいでしょう。

その際、クラス全体への先生の声かけの質が問われてきます。子どもたちは先生をよく観察しているものです。できていない部分を指摘し続けるような声かけを続けていると、いつしかクラスの子どもたちも、同じように互いのできていないところを指摘するようになります。逆に、少しでもできている部分を認め、どうすればもっとうまくできるかを伝え続けると、子どもたちも励まし上手になってくれます。

できないことを友だちから指摘されて、シロウさんが嫌な気持ちになってしまわないような、クラスの雰囲気作りが重要なのです。

大石幸二先生（立教大学現代心理学部心理学科教授）

そのような振る舞いはひとりぼっちでも起こりますか？

シロウさんは、①教室で起こっている出来事や、②シロウさん自身の振る舞いの後にどんな結果が伴うか、さらに、③お友だちの動きや先生の声かけ、などをよくとらえて行動しているのだなぁ、と私は見ます。というのは、シロウさんが現している振る舞いというのは、ひとりぼっちのときには起こっておらず、決まって誰かと《とき》や《場所》を同じくしているときに生じているようだからです。ですから、シロウさんは、

⑴周囲にいる誰かの影響を受け、自分の身の周りで起こっている事柄に敏感です。

⑵周囲にいる誰かに影響を与え、その結果として自分の身の周りで起こる変化や衝撃に対して感受性が鋭いです。

振る舞いの直前の条件	実際の振る舞いの形	振る舞いの直後の条件
a1)友だちの激しい動き	b1)友だちと一緒に広範に動き回る	c1)感覚遊びを楽しむ
a2)込み入った指示や課題	b2)自分の座席を、すーっと離れる	c2)失敗や困難から逃れる

図1　シロウさんの行動のとらえ方の一例

※ a)は、振る舞いのきっかけ、b)は、どのような振る舞いが現れるか、c)は、振る舞いの結果手に入れるもの・ことを意味します。a)とc)は、私たちの対応で変化させられます。

(3)それほどまでに、いま目の前にある活動や課題などに興味・関心を持ちにくい状態をかかえ、うまくいかない体験を積み重ねている可能性があります。

このようなとらえ方は、スキナー（Skinner, B.F.）という心理学者が提案した行動の見方を参考にしています。スキナーの主張に従うと、シロウさんの行動は、図1のように整理できると思います。

シロウさんの「実際の振る舞いの形」にばかり目を奪われていては、「シロウさんのことを少し強く叱って言い聞かせるしかない！」とか、「シロウさんが自分の座席を離れたら、休み時間の外出を制限しよう！」という、短絡的で罰的な対応しか思い浮かばなくなってしまいます。しかし、図1のような行動のとらえ方をしてみることで、周囲の友だちにも働きかけることができるかもしれませんし、シロウさんが失敗経験を重ねたり、劣等感を味わわなくて済むように工夫と配慮を行うこともできるかもしれません。

そのような意味で私たちの対応の選択肢が増えるとよいと思います。

このように、シロウさんにとって《どんなとき》に、《どの場所》で、目を付けた振る舞いが現れ、そのような振る舞いにより《どんな結果》を手に入れたり、避けたりしているのかを見極めることが、問題を〝ズバッと〟解決する「はじめの一歩」となります。

シロウさんがうまくいかない原因を探ってみましょう

シロウさんはなぜ、指定された活動や目の前の課題に向き合えないのでしょうか。私たち大人はとかく、自分自身の評価基準に適う行動を目にしたときには心穏やかで、うまくそのことを認めたりほめたりできます。けれども、そのお子さんの行動パターンが読めない、関わるための「とりつく島」が見つからないようなときには、私たち自身が不安定になってしまうということがよくあります。私たち大人だって心穏やかでなく、感情が千々に乱れれば、声かけや手がかりを与えることが一貫しなくなり、長期的な見通しにもとづく対応ではなく、場当たり的な「臨機応変過ぎる」対応になりがちです。そして、デリケートなお子さんを追い詰めてしまうとわかっているのに、ついつい言語指示量が増えてしまうということが起こるのです。

このような私たち大人の振る舞いについても、図1と同じように整理してみましょう（図2・次頁）。

このようなわけで、教師はまず深呼吸をして冷静になり、お子さんの様子をつぶさに観察し、

振る舞いの直前の条件	実際の振る舞いの形	振る舞いの直後の条件
a3)子どもの期待どおりの振る舞いや態度 ▶	b3)安心して認めたりほめたり一緒に取り組んだりする ▶	c3)子どもがますます期待に添う振る舞いを示す
a4)子どもの予想に反する振る舞いや態度 ▶	b4)不安定になり苛立ちを覚え場当たり的な対応を行う ▶	c4)子どもがますます予測不能な振る舞いを示す

図2　シロウさんのような子どもの振る舞いに対する周囲のとらえ方の一例
※図上段の例は好循環が生じる場合、下段の例は悪循環が生じる場合を示します。

客観的に分析することを心がける必要があるのです。ここで、子どもの「いいところ」を見つける、〝達人の必須アイテム〟を紹介しましょう。それは、①多色ボールペン、②クリップボード、③罫線入りメモ用紙、の三点セットです。

保育所・幼稚園あるいは学校などに出向かせていただき、チラッとお子さんたちの振る舞いを見せていただくときに、私は、この三点セットを活用して観察記録を残します。メモ用紙には、図1や図2で示したような三つの枠をあらかじめ作っておきます。a)の「振る舞いの直前の条件」の枠には《誰がいたのか》《どんな声かけがなされたのか》《手がかりやヒントはあったのか》などを記し、b)の「実際の振る舞いの形」の枠には《泣き声を上げる》《板書を写す》《席を離れジョウジさんの所へ行く》などの観察事実を記します。そして、c)の「振る舞いの直後の条件」の枠には《どんなモノを手にしたのか》

《どんな言葉を耳にしたのか》《何をせずに終わったのか》などを記します。

さて、この三点セットを使って、シロウさんの振る舞いを冷静に観察してみることにしましょう。シロウさんはもしかすると、机に座って取り組む活動や課題場面で耳にする指示語から逃れようとして自分の座席を離れ、指示語をかき消さんがためにはしゃいだり、友だちを笑わせたりしているのかもしれません。そして、一頻《しき》りすると、ついには静寂を手に入れようとしてトイレまで旅に出ていくのかもしれません。もしも、教材や道具が準備され、まさにこれから指示が与えられようとするタイミングを見計らうかのように、シロウさんが動き始めるのだとしたら、いま述べた仮説というのは、案外当たっているかもしれません。

シロウさんの場合もジョウジさんの場合も、身体全体をダイナミックに動かすような、「揺れ」の感覚を味わえる行動は頻繁に起こしているようです。けれども、指先を器用に動かしながら、ずっと絵を描き続けるとか、折り紙に没頭して時を忘れ、次の活動に移れないというエピソードは記されておりません。このような手指の細々した動きを駆使して、モノをしっかり視線の先に見すえながら、ちょっとずつコトを前に進めるという活動には「うまくいかなさ」を感じやすいのかもしれません。

このように、冷静な観察と客観的な記録にもとづいて「うまくいかない」原因を探り、工夫と配慮の例や対応の選択肢の例を可能な限り挙げつらってみることは、問題を〝ズバッと〟解決する「次の一手」となります。

振る舞いの直前の条件	実際の振る舞いの形	振る舞いの直後の条件
・長く複雑な指示語 ・机に座り取り組む活動	・自分の席を離れる ・友だちの席まで移動する	・指示語から逃れる ・手の微細運動を避ける
・友だちも作業をサボる	・大声ではしゃぐ、騒ぎ立てる ・面白い言葉を連呼する	・友だちも呼応して叫ぶ ・友だちが笑う
・付き合っていた友だちが活動を開始する	・先生が目を離した隙にそーっと教室から出て行く ・トイレに閉じこもる	・先生や友だちの指示語を避け、活動に取り組まずにおく ・先生や係、隣席の友だちの追跡を逃れる
直前の条件の整え方	**振る舞いの形の整え方**	**直後の条件の整え方**
○指示語を手短かにする ○見て分かる見本を示す ○活動を小分けにして遂行を助ける ○周囲の友だちの方を集中させて静穏な環境を保つ	○わからないときや行き詰まったときの援助を求める方法を練習する ○疲労時の先生への告げ方を教える ○どこまで独力で行うか目標を立てる ○必要に応じて一人になれる場所の利用方法を話し合う	○わずかな遂行や小さな達成を共に喜び、ほめる ○助け合いを奨励する ○前回と今回の取り組みの間の本人なりの成長（個人内変化）を認める

図3　シロウさんの振る舞いを観察した結果得られる客観的な記録の例
※図の下段は、工夫と配慮の例や対応の選択肢の例を挙げてあります。

教室で使える「活動設計図」があれば

シロウさんと似たような振る舞いを見せるお子さん方と、私は《プラモデルづくり》のような作業を一緒に確認しながら学ぶことがよくあります。先に述べた「うまくいかない」という気分を体験している可能性のあるお子さんにとって、手の込んだ仕業《しわざ》を求められる《プラモデルづくり》のような作業を、ハナから独力で完成させることを要求するということは、一見難しいことに映るかもしれません。

しかし、①そのプラモデルがお子さんの大好きな電車だったらどうでしょう？　②《三分クッキング》のテレビ番組のように、必要に応じて途中まで完成している制作物が出てきたらどうでしょう？　③制作そのものではなく、道具の準備やゴミの片づけ、あるいは制作中の発言に注目してもらえたり、ほめてもらえたらどうでしょう？　さらに、④活動を進める際のワンポイントアドバイスとして大人が声かけをしてくれたり、手分けや手助けをしてもらえたりしたならどうでしょう？

プラモデルの設計図や料理のレシピ、あるいは折り紙の折り方の本などは、それを利用する人が見事目標に到達できるように、手順やコツが明確に示されているものです。小さいお子さんが利用するのならば、より小分けにして手堅い手順にしつらえることができます。何度も経験を重ねた人であれば、手順の多くが頭に入っていることでしょう。

このように、オーダーメイドで手順を再構成できることが、設計図やレシピのよい点だと思います。専門的に言うと、これは「課題分析」と呼ばれる援助の技術となります。そして、この「課題分析」という援助技術を用いる際にも、行動の観察と記録がモノを言うことになります。達人は、個々の特性に応じてどれくらい課題を小分けにすれば、「うまくやれる」のかを見極めることができます。もちろん、読者の皆さんもオーダーメイドで「活動設計図」をこしらえる専門家になることができるのです。課題を小分けにするコツは、「完成・達成の一歩手前はなにかな?」と手順の進み方に逆行して、活動を設計することです。

たとえば、「カレーライスをつくろう!」という活動について、ゴールを「カレーライスを美味しく食べること」にするとしましょう。完成・達成の一歩手前を「お皿に盛られたカレーライスをスプーンですくって口の中に入れる」ことにできるでしょう。もう一歩手前は「お皿に盛ったごはんに、カレーをかける」ことかもしれません。さらに一歩手前は何でしょうか? このように手順を遡っていくとよいのです。

*　　*

シロウさんはいま、少しずつ学習が難しくなり、小学校一・二年生で学習した基本事項をふまえて学ぶことが必要な三年生です。しかも一見元気に振る舞うばかりで友だちとの差など感じていないかのように映るものの、みんなとの違いや「うまくいかなさ」に苦労して悲しむようになる三年生です。ですから、教室の中でも《プラモデルづくり》のような「お助け」を見つけ、どのように目標に到達できるように手引きしていくかを関係者と話し合うことも、問題を〝ズバッと〟解決する極意です。

「ズバッと」カード No.4

活動や課題などに対して「うまくいかなさ」を感じている子どものために、教室での活動設計図を、オーダーメイドで作ってあげましょう。

ケースファイル No.5

乱暴な子

「乱暴な子」とどうかかわるか?

友だちや先生にすぐ手を出す、学校の備品や校舎の一部を壊す、といった問題行動は、非行問題が顕著に現れる中学・高校時においてよく見られる行為です。ところが、最近は、小学校の現場においてもそのような問題にたびたび遭遇するようになってきています。

「乱暴な子」と言っても、そのケースによってさまざまな事情がありますが、「乱暴な子」というレッテルを貼られ、学校生活の中で周りから一様な対応を受けてしまうことによって、心に二次的な傷を負い、よけいに問題行動が助長されていくような事態は絶対に避けたいものです。

今回の達人、今井先生は、「緊急型」と「じっくり型」の対応の使い分けを提案されています。私が現場をまわってきた経験から言えば、小学校では「じっくり型」、中学校では「緊急型」重視での指導が多いようです。しかし、どちらかに偏ることなく、この二種のアプローチを両輪として、バランスよく子どもと関わっていく方がよい効果を生むように思います。

それでは、乱暴な子への対応について学ぶことにしましょう。

ケースファイル No.5

「乱暴な子」と呼ばれるダイスケさんの場合

ダイスケさんは中学校一年生の男の子です。体格はがっちりしていて、他の男の子よりも一回り大きく、とても目立ちます。乱暴なところがあり、学校では、毎日と言っていいほど「トラブル」を起こしてしまいます。

彼は、気に入らないことがあるとイライラし始め、何か言うより先に手が出てしまいます。たとえば忘れ物をしたとき、友だちの物を勝手に使ってしまい、注意されるとひどく暴れたりします。また、逆上して物にあたり、それでも興奮が治まらず、友だちとつかみ合いのけんかを始めてしまうこともしばしばです。そんなときは、男性教諭が数人がかりでないと止められません。

日ごろからそのつど厳しく注意しているのですが、何を言っても威嚇してくるばかりで、まったく効果がみられません。

乱暴なことをした後の「モヤモヤ感」

乱暴なことをした後、子どもたちは、必ずしもスッキリした気分でいるわけではないようです。多くの子と同様にダイスケさんも、「やり過ぎたかな」「どうしてあんなことをしちまったんだろう」「殴っちゃったけど、ヤツは大丈夫だったかな」などと後悔しているのです。

そして、乱暴をするたびに友だちが減っていき、友だちの輪から外れていく自分に人知れず傷ついています。また、先生や両親、きょうだいからも、「扱いにくい子」として浮いた存在となってしまっていることを辛く思ってもいます。そんな周囲からの疎外感が、ますますイライラを募らせ、問題行動を助長させるといった悪循環を招いてしまうようです。

しかしながら、このような生徒に対して「彼なりに反省しているのだし」などと大目に見るわけにはいきません。なぜなら、乱暴な行動は、周囲に対して大小の程度こそあれ、危険を与える行為だからです。ですから、乱暴な子に関わる大人たちは、どうしても神経をとがらせ、厳しく注意せざるをえません。ただ残念なことに、注意の仕方を誤ると、子どもから反発を買ってしまい、ますます問題行動を引き起こしてしまう可能性もあるのです。特に中学生の場合、「自分が周りから一目置かれる」ことに価値をおいていますから、クラスメイトの前で叱られたりすると内心「しまった」と思っても引っ込みがつかず、より強い行動に出てしまうことがあります。彼らのプライドに配慮し、他児・生徒の前で面子をつぶさないよう配慮してあげましょう。

こんな声かけをしていませんか？

またオマエか！

「乱暴な子」はほめられることが少なく、何かあるごとに「またオマエか、迷惑ばかりかけやがって！」といった否定的な声かけにさらされています。また、何もしていないのに、「いつもオマエが勘違いされるようなことをしているからだ」と叱られることもたびたびです。

しかし、このような声かけは、大人の側も冷静さを失い、子どもと同じレベルでイライラ感をぶつけているに過ぎません。何も解決の糸口にならないどころか、その言葉かけが子どもの自尊心を傷つけ、よけいに問題行動に駆り立ててしまうこともあるでしょう。

乱暴な子どもに対しては、「レッテル貼り」をしないことがポイントになります。「どうしてこの場面で乱暴な行動をしてしまったのか」という視点で、その生徒なりの気持ちを汲み取ろうとする姿勢が大切です。また、穏やかに諭したり、状況に合った対応策を具体的に伝授したりすることが重要な働きかけになってきます。

また、「君が意味もなく暴力を振るうわけがない、君のやさしさを先生は知っている」「オマエが怒るのにはきっとわけがあるに違いない」と彼らの男気を信じ、「本当の君は決して乱暴な子なんかではない」とポジティブな暗示をかけていくことも必要でしょう。

ズバっと 1

解決のためのアセスメントとアプローチ①

問題行動直前の「イライラ感」をキャッチする

一般的に、問題行動はその行動が起きているときだけに焦点が当てられがちで、どんな行動をしているかの観察と、それをどう鎮めるかの対応に力が注がれます。

しかし、ダイスケさんのようにいったん火がつくと止まらない子の場合、「問題行動が起きてから」の対応よりも、むしろ問題行動直前の「イライラ感」を素早くキャッチし、なるべく速やかに解消させるような「問題行動を起こさせない」ための予防的な対応の方が有効です。また、この「イライラ感」がどのような状況で生じるかというパターンを特定できれば、「イライラ感」自体を生じさせないような環境を調整することも可能となります。

ズバっと 2

解決のためのアセスメントとアプローチ②

「乱暴でないとき」に目を向ける

問題行動に対処するためのアセスメントとしては、「乱暴なとき」と同時に「乱暴でないとき」の行動パターンの把握も必要になります。乱暴な行動に結びつく「きっかけ」を見つけだし、抑制することができるからです（たとえば「イライラ感」のキャッチ）。

「乱暴でないとき」の行動パターンを把握できれば、「乱暴でない状態」を促進することができます。もし、問題行動を起こさないのが「特定の友だちと遊んでいるとき」であるなら、普段から友だち関係に気を配り、環境を調整してあげればよいのです。

「どのようなときに、どのような行動が生じ、その結果どのようになったか」を多角的にアセスメントすることが有用となるでしょう。

今井正司先生（名古屋学芸大学ヒューマンケア学部准教授・早稲田大学応用脳科学研究所招聘研究員）

私は以下に示した二つのポイントを心がけています。

その1 「緊急型」と「じっくり型」の対応を使い分ける

①緊急型の対応

乱暴な行動に出たときやその直後は興奮していることが多いので、その場では「太く短い注意」に留めて、興奮が冷めてから、教育的指導を行うようにします。

また、クラスメイトの前での注意は、子どもの興奮を助長し、他害につながる可能性もありますし、気まずさからなかなか落ち着くことができないかもしれません。このような場合は、「タイムアウト」というアプローチを用いることも一つの方法です。

タイムアウトとは、「行動を強化維持する対応を行わないこと」です。ダイスケさんの事例の場合は、乱暴な行動を維持したり助長したりするような環境や人から離れることを意味しています。たとえば、乱暴な行動をした後の興奮が治まるまで、ダイスケさんを保健室に連れて行き、養護の先生に見守ってもらい、頃合いをみて教室に帰してもらうようにします。他にも、相談室、職員室（校長室）など、静かに落ち着けて、大人がついていてあげられる場所ならよいでしょう。もちろん、それには先生間の事前の丁寧な打ち合わせが鍵になります。

タイムアウトは、決して子どもを追い出す罰ではありません。こうすることで、乱暴な行動をエスカレートさせずに済み、他害が防止できます。学習は中断してしまいますが、その場に留まるよりも速やかに興奮を鎮められ、結果的に早く学習場面に復帰できます。また、自分を静かに振り返る時間を持てるメリットもあります。

それと同時に、クラスの他の生徒たちを守り、彼らが勉強できる環境を確保することができます。私は、この点も通常学級においては非常に重要だと考えています。

しかしながら、タイムアウトを効果的に行うためには、時間をとり過ぎてはいけません。子どもが落ち着いてから、一、二分ほど経った頃が教室に戻すタイミングとなりますので、五分程度を目安として考えるといいと思います（長くても一〇分程度）。

また、タイムアウトの最中は、ほめたり叱ったりすることはしません。なぜかというと、タイムアウト中に、余計な注目を与えることで、わざわざ注目を獲得するために問題行動を起こすこともありうるからです。タイムアウトが終わった後も同様の理由から、あっさりと対応することが重要となります。

このようなタイムアウトの手続きは、事前に子どもと話し合っておく必要があります。具体的には、「どのような行動をしたら、どこの部屋で何分タイムアウトになるか」ということを取り決めておくことが重要です。このような取り決めが明確にされていると、タイムアウトの対象となる不適切行動が確認されそうなときにタイムアウトを警告することで、不適切行動の抑止効果が期待できます。なお、タイムアウトを用いてもうまくいかない場合は、行動療法の専門家に相談し、手続きを確認することが必要になります。

②じっくり型の対応

仲よくしたい気持ちはあるのに、ついつい乱暴な行動をしてしまうような子に対しては、コミュニケーションの取り方を身につけさせると乱暴さが目立たなくなることがあります。ダイスケさんのように、人の物を勝手に使ってけんかになってしまうような場合は、「物を借りる」「借りたらお礼を言う」という社会的スキルの学習が必要です。その際には、子どもが身につけやすいものや、既に身につけている社会的スキルに類似したものから順に学習するのがよいでしょう。

社会的スキルは、対人関係の中で用いられるものが多いので、これらの習得は、「学級全体で行う」という視点が大切になります。学級全体の取り組みとして社会的スキルを指導するためには、「恥ずかしがらない」「ふざけない」などの基本ルールを設定しておくことが重要となります。

気をつける点としては、その子のキャラクターに合った形でスキルを学ばせるということです。乱暴な子と呼ばれている子が、「すみません。消しゴム、貸してくれますか?」といきなり今まで聞いたことのないような口調で話しかけたら、逆に浮いてしまいます。子どもの持ち味を消さないように心がけましょう。

その2 「乱暴さ」に応じた接し方で関わる

①「乱暴でないとき」の何気ない挨拶や会話

「乱暴な子」は、何も悪いことをしていないにも関わらず、「オマエ、今日は悪いことしていないだろうな?」と、気分が暗くなるような言葉かけをされてしまうことがあります。

子どもが問題を起こすことを前提に関わってくる先生からの働きかけは、何を言ってもたいてい効き目がありません。それは、子どもの側からすれば、「あの先生はオレを信用していないから何を言っても無駄だ」とあきらめているからにほかなりません。このような「疑い」の言葉かけは、子どもを傷つけ、大人との接触を拒絶させる原因にもなります。もし、「乱暴な子との距離が埋まらない」と感じているのでしたら、普段から「普通の挨拶」や「何気ない会話」をしてみてはいかがでしょうか? 子どもの素直な一面が見られるかもしれません。

②「乱暴なとき」の冷静な対応

子どもが乱暴な行動に出たときは、ついつい怒鳴りつけてしまうかもしれません。ときには、それが功を奏することもありますが、毎回怒鳴っていれば、子どもたちは、怒鳴られることに慣れてしまいます。怒鳴ることの効果を持続するためには、さらに激しく怒鳴るしかありません。このような対応は、度が過ぎると体罰につながる可能性がありますし、何よりも、子どもの乱暴な行動を助長することにつながります。

先生から乱暴に叱られた場合、乱暴な子が黙って言うことを聞くでしょうか。むしろ乱暴さで受けてたち、その結果、両者が互いに乱暴さをむき出しに対立してしまうことになるのではないでしょうか。大人にメンツがあるように、子どもにもプライドがあります。とくに他者の目があるときは、引くに引けないものです。ダイスケさんの場合、男性教諭が数人で自分を取り押さえにくる状況に、引っこみがつかなくなってしまっていることも考えられます。

だからと言って、乱暴な子どもに屈するわけにはいきません。子どもの乱暴さに少しでもビクビクしたり動揺したりすれば、先ほどとは逆の意味で乱暴な行動が助長されてしまうでしょう。では、どうしたらいいのか。それは、「動じない」ことです。冷静に淡々と対応することがポイントとなります。往々にして、子どもは大人の反応を見て乱暴さを調節することがありますので、動じない大人の対応によって、子どもたちも冷静になってくれることがあります（「タイムアウト」と同じ効果があります）。

生まれながらにして「乱暴な子」などいません。さまざまなきっかけや出会いによって、彼らの「そうせざるを得ない何か」を変えることができる、そう私は考えています。

「ズバッと」カード▼No.5

子どものプライドに十分配慮しながら、大人が動じることなく、「太く短い指導」を心がけましょう。

教えて達人！

より深く学びたい人のために

「乱暴な行動への理解と対応――衝動的攻撃行動をコントロールする注意機能」

学校場面において、教育的指導の困難さを感じる問題の一つに「乱暴な行動」への理解と対応があげられます。それらの乱暴な行動の中でも、対人関係を悪化させる「攻撃行動」は、対応の難しい問題だと言われています。

これらの攻撃行動に対する介入方法としては、攻撃行動の誘発に関連する怒りの感情を低減さ

せる「怒りのコントロール」が多く用いられています。また、適応的な行動を学習させる「ソーシャルスキル訓練」も学校場面で用いられることがあります。これらの介入方法の有効性は、多くの研究によって科学的観点から実証されています。しかし、怒りやすい性格であるにも関わらず攻撃行動を示さない者や、適応的な行動を十分理解しているにも関わらず攻撃行動を示す者の存在も明らかになっています。

学校現場では、悪いとわかっているのに、仲の良い友だちを「ついつい」叩いてしまい、後で後悔している子どもたちをたびたび見かけます。このような衝動的に攻撃行動を示す子どもたちは、大人たちの理解が得られにくく、また、対応が難しいとされています。

筆者らは、このような現象を科学的な観点から確かめるために、怒りや攻撃行動に関する尺度を用いた調査を行いました。その結果、①怒り特性（怒りやすさ）は攻撃行動を予測しない、②怒り特性は衝動性を媒介すると攻撃行動を予測するということが明らかになりました。

つまり、怒りやすいからといって、必ずしも攻撃行動に結びつくわけではなく、怒りが攻撃行動と結びつくには、衝動性の影響が関連するということを意味する結果でした（怒りを誘発する実験においても同様の結果を得ることができました）。したがって、衝動性が高い場合は、攻撃行動を行ってはいけないと思っていても「ついつい」攻撃してしまうということもあり得ることが明らかになったということです。このような特徴を有している場合は、怒りのコントロールやソーシャルスキルを学習するとともに、衝動性をコントロールする訓練の必要性を指摘することができます。

近年、衝動性をコントロールする方法がさまざまに提案されていますが、筆者らは、「能動的注意制御機能」という認知的側面に着目をしています。能動的注意制御機能とは、『自分が注意を向けたい対象に意図的に注意を向ける能力（機能）』を意味しています。この機能は、多くの対象の中で一つの対象に注意を集中する機能（選択的注意）、一つの対象から別の対象に注意を移動する機能（注意の転換）、一度に複数の対象に注意を向ける機能（注意の分割）の三つに分類することができます。

これらの機能を学習場面に対応させてみると、「選択的注意」は、周囲が騒がしくても、自分の課題に集中して取り組み続ける能力だと考えられます。また、「注意の転換」は、自分の課題に取り組んでいる最中でも、先生の指示によって別の課題に取り組める能力だと考えられ、「注意の分割」は、先生の話（指示）を聞きながら、課題にも集中して取り組める能力だと考えられます。一般的には、「注意の分割」が最も習得困難な機能であると言われています。

これらの能動的注意制御機能を測定する尺度を用いて、衝動的攻撃行動との関連性を調べた結果、能動的注意制御機能は、衝動的攻撃行動を抑制する働きを有することが明らかとなりました。特に、「選択的注意」においては、衝動的攻撃行動を抑制する大きな効果があることが示されました。

つまり、自分が取り組まなければならない課題に持続的に集中できる能力を鍛えることで、衝動的な行動を抑制できると考えられます（実際に、これらの能動的注意制御機能を促進した介入法を用いた結果、衝動的攻撃行動の低減が認められました）。

このような機能を促進することは、学習能力の促進という課題において重要視されてきましたが、上述してきた結果を踏まえると、社会的能力を促進するためにも重要な機能であることがわかります。また、支援場面においては、アセスメントの対象として、注意機能が重要視されてきましたが、今後は、介入の対象としても注目することで、従来からの介入方法の効果を増強できることが考えられます。これらの取り組みは、まだ始まったばかりですが、新たな介入方法として期待したいと思います。

（今井）

［参考文献］

今井正司・今井千鶴子・根建金男『注意制御尺度の作成と信頼性及び妥当性の検討（第八回日本認知療法学会大会論文集）』一三七頁、二〇〇八年十一月
賓迫暁子・今井正司・阿部ひと美・小宮山みなみ・根建金男『注意機能が怒り感情と攻撃行動に及ぼす影響（第三四回日本行動療法学会大会論文集）』四二二―四二三頁、二〇〇八年十一月

声のトーンを合わせる

若くてエネルギッシュな先生を見ていると、ほめるときも「よくやったね！」、叱るときも「ダメだよ！」と元気一杯。熱意は伝わってくるものの語気が強過ぎて、ほめているのか、叱っているのか、子どもにはっきり伝わっていないな、ともったいなく感じます。また、子どもが大声を出すと、つい大人もつられて感情的になり、だんだん声を荒げてしまうこともありますよね。

興奮している生徒に対して、あえて小さい声で「なあ、コウタロウ」などと呼びかけてみると、生徒もだんだん声を小さくし行動が落ち着いてくることがあります。ほめるときは意識的に高めの声で、叱るときは低い声で、と、うまく使い分けるとよいでしょう。

指導や相談場面で声のトーンを調節し、相手の状態に合わせることができると、先生の素晴らしい言葉が、より効果的に染み込むのです。これは、こちらの表情が見えない電話相談のときにも大変効果を発揮します。

とくに問題行動に対処する際には、子どもの感情に巻き込まれないように、たえず平常心で臨み、言葉の音色に配慮したいものです。

COLUMN：ちょいトレ **5**

子どもや保護者に寄り添える支援者を目指して

呼称を合わせる

相談の中で、たとえばクライアントの結城さんを、「お母さんは」と呼ぼうか、あるいは「お母様は」、「結城さんは」、「あなたは」と呼ぼうか、などと意識したことはありますか？　私は、電話相談に関して指導を受けた川部浩子先生に、前掲のコラム（ちょいトレ4）で紹介した「声のトーン」と一緒に、この「呼びかけ方」の重要性を教わりました。

たとえば母子分離が課題の母子がいて、とくに母親の方が子どもから離れにくい、としますます。そんなお母さんにはあえて「お母さん」という呼称を使わず、「結城さんは」や「あなたは」と呼びかけます。そして、「母として生きることも大事ですが、そろそろ自分の楽しみを見つけて、あなた自身の人生も大切にしながら生きてみたら……」と働きかけるのです。また、もっと「お母さん性」を発揮してもらいたい場合は、「お母さんのそういう声かけをお子さんは待っているんですね」とか、「お母さんはよく気がつきますねえ」と、その人の持つ「母」の部分めがけて呼びかけるよう、私は心がけています。

もちろん親御さんだけでなく、子どもにも、その子の成長や発達に合わせて呼称を工夫してみましょう。

No.6 ケースファイル

勝ち負けにこだわる子

運動会の風景から

最近は、運動会を五月に実施する学校も増えてきていますね。しかし、新年度になって間もない五月ごろは、先生も子どもたちをまだ十分把握しきっていない状態ですから、予測もしないような子どもたちの行動に出会うこともあるようです。ことに運動会は勝ち負けがはっきりする種目が多いので、「一番になれない」「自分のチームが負けそう」となると、突然大声で威嚇したり、相手に暴力をふるったり、パニックになったりする子が出てきてしまうのです。多くの人の目がある中で、どう対応してあげればよいのか、先生も保護者も悩んでしまいます。

「勝ち負け」はよくないとの方針の幼稚園で、「赤も白も、どっちも優勝」、という運動会も見たことがありますが、私としてはどうもしっくりこないのです。園や学校では特別な配慮ができるかもしれませんが、社会に出れば、残念ながら競争は避けて通れません。この競争社会を変えていくことも忘れてはなりませんが、一方で、子どものうちに、勝ち負けが絡んだ場面に少しずつ慣れてもらい、なるべくうまく乗り越えられるような方法を提供してあげることも必要なことだと思うのです。

ケースファイル No.6

勝ち負けにこだわるケイスケさんの場合

小学校四年生のケイスケさんは、負けず嫌いで、いつも一番でないと気が済みません。それは座学でも、体育や図工でも同じです。たとえば、テストの点数が自分の予想より少しでも低いと「もうおしまいだ」「オレがこんな点なわけがない」と言い、テストを破いたり、ぐしゃぐしゃにしたり、八つ当たりして近くの子に手を出したりします。また、体育では、他の子に自分のボールをとられまいとして、自分のつばをボールにつけたこともあります。五月の運動会では、八〇メートル走の途中で女子に追い越されたため、走るのを放棄してコースから出て行ってし

まいました。家庭でも、妹とゲームをしていて負けそうになり、カッとしてゲーム機を床に叩きつけて壊してしまったことがあります。

ただ、冷静になって話をすると、心から反省しているようで、「またやってしまった」「人間失格だ」「生まれ変わりたい」と言うので、親御さんも先生も、なんとかしてあげたいと思っています。

こんな声かけをしていませんか？

負けたからって、そんなにむきになるな！

大人にとっては「ゲームごときで」という思いがつい頭をよぎってしまいがちですが、ケイスケさんにとっては大変重要なことなのです。何事にも真剣に取り組んでいるからこそ、悔しさも人一倍大きくなってしまうのでしょう。とくに勝ち負けに対して敏感な子どもたちには、プライドの高い子が多いので、大人がこのような姿勢で対応すると、「負けた悔しさ」と「わかってもらえない悔しさ」そして「自分をバカにされたような悔しさ」が入り混じって、さらにその子の怒りを増幅してしまう結果にもなりかねません。

ズバっと1 解決のためのアプローチ①

「お守りの言葉」を持たせる

ケイスケさんは「人間失格」「生まれ変わりたい」などと言うくらいですので、言葉をよく知っているようです。ケイスケさんのようなタイプの場合、今回登場する達人＝坂本先生は、よく「勝負は時の運」「まあいいか」などの「お守りになる言葉」を使うことをすすめています。「勝負は時の運」と思うことで、変えられないものを受け入れることを学ぶことになります。

この「お守りの言葉」を〝子どもと一緒に見つける〟ことは、私たち大人のとても重要な役割なのです。「君はどうも負けそうになるとイライラするから、体の中にイライラ虫がいるようだね、だから『イライラ虫出て行け』って言葉にしよう」などと、一方的に大人が提案するようなことはあまりおすすめしません。怒りや悔しさに巻き込まれそうな場面を一緒にイメージし、できればケイスケさんの中から「お守りの言葉」を引き出したいものです。ある子は、イライラしたときの自分を「心にハリケーンが来る」と表現してくれました。そして「ゲームに負けても、ハリケーンには勝つ」という目標（上手な負け惜しみに近いのかもしれません）を皆で共有することができたのです。

お守りの言葉は、ケイスケさんが信頼している周囲の人（たとえば家族・担任の先生）が共有するとよいかもしれません。怒りに巻き込まれる前、つまり、勝負事の前や最中に平静さを保ち続けるために、我に返らせるポイントで使うことができます。

ただし、「お守りの言葉」を共有する際に配慮しなければならない点があります。先生がつい他の子どもたちの前で「イライラ虫に負けるな」と励ましたとします。中には耳ざとい子がいて、先生が見ていないときに「お前、体にイライラ虫飼ってるんだってな」などと中傷のアイテムとして利用してしまうことがあります。ですからこの言葉は、家族や担任、そして本人の「秘密のお守り言葉」にしておかなくてはなりません。これは、忘れてはならないもう一つの大切な配慮です。

ズバっと2 解決のためのアプローチ②

気持ちを切り替える具体的方法を一緒に考える

ケイスケさんを「生きにくく」しているのは、「自分が予想した結末と違ったとき、あるいは負けが決まった後の行動」です。彼の場合は、自分の行動を変えたいと望んでいるので、勝ち負けが絡む場面が予測される学級活動などがあれば、事前に本人と話し合い、負けそうになったときの対処方法を検討しておくことも大切でしょう。

たとえば、心にハリケーンが来そうなとき、「スー、ハー、と大きく息をする」でも「お守り代わりの練り消しゴムを握りつぶす」でもいいのです。そして、怒っている時間が短くなったり、大きな怒りにならず治められたりしたときのフィードバックを忘れないでください。

ズバっと 3 解決のためのヒント

「勝ち負け」へのこだわりを強めていないか

ある専門家のご講義を聞いたときのことです。その先生は自ら開発された「ことば遊びゲーム」のご説明をされました。そのゲームは、難しい言葉や文字数の多い言葉を答えた子の勝ち、というルールでした。確かに非常に参考になるところもありましたが、「勝つために子どもがいろいろパターンを覚えてくる」「なにがなんでも勝とうとする子がいて面白い」というような発言がありました。

実際、そのゲームで「勝つことへのこだわり」は強まるようですが、それが本当にその子の言語を豊かにし、学習場面や実生活で活かせるのか、と疑問を感じました。最近、学習の場でも「ゲーム感覚の指導」が増えています。確かに子どもたちもノリがいいので、私たちもその方式に頼りたくなりますが、学習というのは誰かに勝つためのものではなく、自分の興味や関心を広げ、自分にとっての糧となるもの、という基本的理念も同時に伝えてあげないと、単に勝ち負けへのこだわりを強めてしまうだけになりかねない、と私は考えます。

坂本條樹先生（埼玉県所沢市発達障害・情緒障害通級指導教室「フロー」教諭）

勝ちたい気持ちは意欲の表れ

勝ち負けにこだわるのは悪いことなのでしょうか。誰にとっても、勝ちたいと思うのはごく当たり前のことです。スポーツでも勉強の成果を問うテストでも、大切な何かを積極的にやり遂げようとする気持ちが、勝ち負けにこだわる気持ちであると考えられます。そう考えると、まさに意欲のもとになっているのが「勝ち負けにこだわること」なのです。

では、ケイスケさんの場合は、何が彼を「生きにくく」しているのでしょうか。それは、「自分が予想した結末と違ったとき、あるいは負けが決まった後の行動」です。負けた後の行動の何がどうなれば、ケイスケさん、そしてみんなが今よりハッピーになれるのでしょう。

上手なじだんだの踏み方

ケイスケさんは、ひどく悔しい思いをしたときのじだんだの踏み方が上手でないようです。テストを破いたり、友だちに手を出したり、ゲーム機を叩きつけたりするのは、どう考えても得策ではありません。平静さを取り戻したケイスケさんには、十分にそのことがわかっているようです。ですから、上手なじだんだの踏み方をケイスケさんの行動選択肢に入れてあげましょう。

たとえば、勝負事の前や普段からこんなお話をしておくのもよいです。

「試合ですから勝つこともあれば、負けることもあります。勝ったときはガッツポーズをしたり、近くの人とハイタッチをしたりして喜びましょう。負けたときは、手を思い切りグーにして、足は床をドンと一回踏み、『クソッ！　負けた！』と言うのはＯＫです。そして次の機会にがんばればよいのです。次のチャンスにがんばるのはよいことだからです」。

じだんだの練習法

周囲の人が許容できるじだんだの踏み方を身につけさせるには、支援者は次の手順を踏むことが大切です。

①前もってやり方を教える
②正しいやり方を演じて示して見せる
③うそっこで試しにやらせる
④練習のできや、実際の場面でのでき具合がどうだったかを伝える

このとき忘れてはいけないのが、ケイスケさんがたまたま怒らずに過ごしたときの取り扱いです。ちょっとした勝負事でも、「負けたのに怒らなかった例外」を見逃さないことです。そして、「すごいね。練習したことをやらなくても大丈夫だったね」あるいは「前のケイスケさんだったら、今のは怒っていたかもしれないけど、どうやって我慢できたの？　すごいね！」と声をかけ、手柄を立てさせることです。こう聞くと、本人たちは大抵「いや、別に何もしてない」と答えます。でもそこでもう一度念を押します。「そんなことはない、何かうまい工夫をしているはずだ。気持ちが大人になってきたのかな」と感心してみせます。こうして、うまくいったのはケイスケさんががんばったから、ということを実感させましょう。不幸なことに、何も起こらなかったときは見過ごされがちです。「何も言わずにおこう。でないとまた怒り出すかもしれないから……」は、かえって逆効果です。《負ける➡怒る➡みんな大騒ぎ》の循環から抜け出しましょう。

じだんだの他にも、上手な負け惜しみの言い方を身につける方法もあります。イソップ童話に、高い木になったブドウに跳びつけないキツネが「あのブドウはすっぱいにちがいない」と言った話があります。そう思うことで、満たされなかった気持ちを正当化するものです。

支援者の留意点

ケイスケさんを支援する人は、怒っているときのケイスケさんの様子をよく観察することが大切です。観察のポイントを紹介します。

ヒト（動物）が怒りを感じている時には、身体が自動的に反応していることもあります。たとえば、極端な恥ずかしがり屋さんが大勢の人の前に出たときに、そうしようと思わなくても顔が真っ赤になるような自動的な反応です。このような自動的反応で怒りが生じている場合は、瞳孔が散大し、呼吸　心拍数が増え、表情がこわばり、体毛が逆毛立ちます。このうち、心拍数以外は外見からも見分けられます。明らかにこのような状態になっている場合は、身体の自動的反応・ホルモンの分泌によるものなので、平静な状態になるまでにある程度の時間がかかります。数分から数十分、時には一時間以上興奮状態が続くこともあります。ですから、怒りを行動化して誰かを傷つけたり、ものを壊したりすることを防ぐ支援が必要になります。ケイスケさんの行動がその後の学校生活や対人関係の悪化を招かないように配慮しましょう。その場から移動させるとか、危険なものがない部屋で落ち着かせるようにします。

一方、このような身体の反応が見られない状態で怒っていることもあります。このようなときは、怒っていることを示すことで、何かの要求や責務を回避したり（回避）、注目を得られたり（注目）、違う何かをしたかったことを示したり（要求）といった、機能が加わっていることがあります。このようなときには、「何のときに、そうしたら、こうなった」という関係性を探すよう観察をし、支援の方策を考えます。

怒りの揺り戻しに備える

また、ケイスケさんの例では見られませんが、一度イライラするとそれが治まっても、すぐにまたイライラしやすくなる子どもがいます。このような場合、気持ちが切り替わったなと本人が思っていても、身体に緊張が残っていて十分には気持ちが落ち着いていないことがあります。身体に緊張が残っていることから、先に示した身体の自動的反応によるものかもしれません。

このようなときは、いったん平静に近い状態に戻ったときに、お茶や水など学校でも用意できそうな飲食物を摂らせると、落ち着きを取り戻すことに効果があることがあります。これは、不快な感情反応と摂食行動は同時に成り立たない、という考えによるものです。お茶を飲ませながら話を聞き、少し落ち着けてきたことを認めてほめましょう。

本人自身が自分の緊張やイライラの度合いをよくつかめていない場合には、怒りやイライラの度合いを「さっき、すごく怒ってたときを一〇〇とすると、今はいくつくらい？」というように数値化して考えさせる方法もあります。目には見えない心の状態を数値化することで見えるようにして振り返りやすくなります。数値が下がっていたら、「君には、落ち着いた気持ちを取り戻す力がある」ことをそれとなく示すことも大切です。

中学年のときに怒りっぽかったある子が、「ぼくが怒ったときに、先生が職員室で冷たい麦茶を飲ませてくれたんだよね。あれで落ち着いたんだ」と、二年も経ってから振り返って話してくれたことがあります。彼の中で、そのときの体験がお守りのようにあり続けていたようでした。

怒りの波が押し寄せてくるのは、ときに避けがたいことかもしれません。しかし、その波をうまく乗りきっていけるケイスケさんの成長に期待しましょう。

「ズバッと」カード▼No.6

周囲の人に許容される「じだんだの踏み方」を身につけさせましょう！

教えて達人！

より深く学びたい人のために

「気持ちの切り替えを支援する」

「うれしくて、愉快で仕方ない」こういった気持ちのときには、切り替えて平静に戻るのは比較的簡単ですし、日常生活上でも問題になりにくいと言えます。「気持ちの切り替え」が課題になるのは、「イライラ・憤り・癇癪《かんしゃく》・憤怒」といった一連の「怒り」からの切り替えが上手く行かない場合でしょう。

発達障害のある子の中には、相手の表情や言動に込められた気持ちへの気づきが弱い子がいます。このような子どもは、相手の気持ちばかりでなく、自分自身の気持ちへの気づきも苦手な場合があります。また、急に何かの出来事に遭遇し、ふと引き起こされた感情の変化に対応しきれ

ないこともあります。感情を理解し評価することが苦手であり、さらにその場の社会的圧力にも耐えきれない場合に「怒り」が行動となって現れると考えられます。

気持ちの切り替えができるためには、自分の気持ちに気づくことが第一歩です。本文中でも少し触れましたが、感情の変化や行動の強弱の程度など、自分では気づきにくい状態や程度に関する気づきを高める支援の一つに、五段階、一〇段階、一〇〇点（またはパーセント）などの数値を利用する方法があります。数値を使うことで、見えないものを可視化することができます。

通常の学級でも「声の大きさ」を五段階等で表して掲示しているのをしばしば見かけます。発表や返事をするとき、話し合うときの声の大きさを示して、声の大きさを子どもが自己コントロールする助けに使っています。すでにクラスでこのような段階表を活用しているのであれば、声の大きさだけでなく、力加減や怒り・喜びといった感情表現にもすぐに応用できます。たとえば、友だちに呼びかける意図でも、つい力強く相手を叩いてしまう子には「友だちに話しかけるときには、2の力でトントンってすればいいんだよ」というように教え、実践させます。数値で表して考えるやり方を学級経営の一つとして全員で取り組むといっそう効果的です。

一方、これを先程のケイスケさんのような個人に活用する場合、注意しなければならないことがあります。それは、利用する本人の納得や了解を必ず得た上で取り入れることです。そして、五・一〇段階、一〇〇点（%）の使用は、その子が自分にフィットすると認めた段階表にすることです。声や力加減は五段階くらいがよいでしょう。また、気持ちのように微妙な差異にも意味が出てくるものには一〇〇点（%）法を使うとよいと思います。子どもは、学校のテストの得点やテレビゲームでのパワーやダメージ表示で一〇〇点（%）に慣れ親しんでいる場合もあります。特に、子どもが「今のイライラ度は62、さっきは65だった！」と気持ちを可視化して評価できたら、「さっきより3下がってきているけど、何がよかった（効いた）のかなあ？　自分ではどんな工夫をしたの？」などと聞くことで、その子のコーピングスキル（何とかやっていける力）を高めることもできます。数値化して表す方法は自分の感情や行動への気づき、そして行動を自己管理する道具として活用できます。

自分の気持ちへの気づきが高まってきたら、次は予防的な対策を考えます。発作的な怒りの表出は、前述の通り身体的な自動反応（ホルモンや神経伝達物質の関連）の場合もあります。そのため、体のリズム、特に睡眠不足など生活上のストレスを排除することが大切です。睡眠ばかりでなく、食事や排泄などの生活リズムも同様です。これらを整えるには、保護者の協力も重要になります。

また、苦手な場面や緊張しそうな時にリラックスできる方法を、普段から見つけておくことも予防につながります。本人が落ち着く香り・感触が得られる小物をポケットに入れて身につけておくのが有効な場合もあります。どんなものが落ち着くためのお守りになるのか、本人とよく話し合います。

腕や肩、足などの筋肉をゆるめてリラックスする方法もあります。しかし、ただ「力を抜いて！」と言ってもなかなか筋肉はゆるみません。そこで、まず筋肉を意図的に強く緊張させてその力を一気に抜く練習をします。こうして筋肉がゆるんだ感覚を覚えます。手首や肘・肩、足首・ひざ・もも、口・目・顔など部分的に固くしたりゆるめたりして力の抜けた状態を知っていくのです。ストレスがかかってきたときの筋緊張に早めに気づき、具体的対処につなげます。これは高学年向きかもしれません。

（坂本）

COLUMN：ちょいトレ 6
子どもや保護者に寄り添える支援者を目指して

体内時計を鍛える

これまでのコラムでは、面接で相手（クライアント）に合わせるためのポイントを述べてきました。しかし、面接というのは、単に相手の話に耳を傾けるだけでは発展しないものです。限られた面接時間を、「充実した時」として提供するには、面接の組み立てを意識する必要があります。

たとえば四五分の面接時間を上手に配分するには、「時間の感覚」を養うことが大切です。何度も時計を見なくても、残り二〇分くらいだな、となんとなくわかれば、「最後にあの話題に触れておこう」とか「そろそろ、まとめに入ろう」と面接を組み立てることができます。ちらちら時計を見てしまうと「このカウンセラーは早く話を終わらせたいんだな」などと気分を害される方もいらっしゃるので、気をつけたいものです。

さて、時間感覚のトレーニングですが、たとえば三〇秒とか三分とか決めて、ストップウォッチ（腕時計などの）をスタートさせ、ちょうどその時間かな、と思ったら時計を見るのです。三〇秒って結構長いなとか、まだ一分しか経ってないのか、などと感じることでしょう。これは、電車待ちのときなどにも可能なトレーニングです。

No. 7 ケースファイル

おしゃべりがとまらない子

「不規則発言」と「エンドレス発言」

中学校というと厳しい指導の先生が多く、授業中もシーンとしているイメージがありますが、最近では「わかんねー」「センセー（先生）、かったりー（疲れました）！」などと、生徒たちが代わるがわる勝手に言葉を発する光景を目にします。これを「不規則発言」と呼ぶ先生もいます。また、ときには、不規則発言というよりはむしろ「エンドレス発言」と呼んだ方がよさそうな、話し始めたら止まらない生徒に出会うこともあるのです。

今回は、そんなケースをみてみましょう。

ケースファイル No. 7

おしゃべりがとまらないサクラコさんの場合

中学校二年生のサクラコさんは、学習への参加意欲が高く学力も学年で上位です。でも物事を筋道立てて考えることや、相手にわかりやすく説明することは苦手です。授業中は、指名されてもいないのに発言することがよくあります。一度発言を始めるとまとまりがない話を何分も続けるので、クラスメイトが「またか」という顔をしますが、彼女はなかなか気がつきません。

残念ながら彼女にはあまり友だちがいないようで、学校の「さわやか相談室」にやってきては、相談員さんを相手に大好きな怪談や妖怪の話をしています。

また、彼女のお母さんも困っていることがあります。一緒に買い物に行ったり電車に乗ったりしているとき、周りの人のことを「あの人ハゲてる」とか「あの女の人デブだよね」と大声で言うのです。「そういうことはやめなさい」と叱っても、「本当のことを言って何が悪いの？」と態度を直そうとはしてくれません。

こんな声かけをしていませんか？

なにか困っていることがあるんじゃない？

サクラコさんはたびたび相談室を訪れています。彼女のクラス内での状況を知っている相談員さんなら、つい「あなた、本当は何か困っていることがあるんじゃない？」とか「思い切って相談してみたら」と言ってしまうのではないでしょうか。ところが彼女のようなタイプの子には「いえ、困っていることなどありません」と、きっぱり返されてしまうことがあるのです。

中学生や高校生に「悩んでいることはある？」と漠然と聞くと「別に」や「ない」と返されることがよくあります。これは「めんどくさい」からだけでなく、抽象的な質問に対して自分の気持ちをうまく言語化できないという背景もありそうです。ですから、大切な話題に触れるときも、具体的でわかりやすい問いかけや、選択肢を提示するような働きかけが必要となってきます。さらに、プライドが高い子の場合、「人から助けられるなんてごめんだ」という気持ちになってしまうかもしれません。

学校生活でつまずき、苦しんでいながらも、人からの手助けを拒否する子に出会うことがあります。彼ら、彼女たちのプライドを尊重しつつ、「人は一人では生きていけない」、「誰かにヘルプを求めることも大切なこと」と気づいてもらうような関わり方を心がけていきたいものです。

ズバっと1 解決のためのヒント

「ひらめき」があふれてくる子への声かけ

学習規律のしっかりした学校や学級においては、サクラコさんのような生徒は授業を乱す子（悪意のある人間）とみなされがちです。しかし、彼女のようなタイプの子の発言や知識を丁寧に聞きとってみると、ときに大人が「はっ」と気づかされることや、真実をついていてこちらが考えさせられるような「ひらめき」が多く見つかることがあります。あるいは、うまく発言を取り入れることで授業が深まることもあるでしょう。単に「黙らせる」ことを目標に強い指導をして、その持ち味をつぶしてしまうのはもったいないことです。

そこで、たとえば「先生は、サクラコさんの発言にはいつも感心しているんだ。だけどな、クラスの中でちょっと心配なことがあるんだよ」などと一緒に考えてもらうよう提案してみましょう。「このままだと君が損をするかもしれないから、よい知恵を貸してくれないかな」と頼めば、アイデアあふれる彼女が何かよいヒントを出してくれるに違いありません。

このように、「おしゃべり」「不規則発言」というマイナスの見方を、「アイデアあふれる」「ひらめきのある」というようにプラスの見方にとらえ直すことを「リフレーミング」と呼びます。このような柔らかな発想をヒントに考えていくと、今までと違う切り口で支援を検討することができるのです。

ズバっと 2

解決のためのアプローチ①

声のボリュームを意識させる

支援の際のおすすめツールは「声のボリューム」（あるいは「声のチャンネル」）というものです。これは「発声の大きさ」をコントロールするものです。

たとえば、ボリュームゼロは「声を出さない状態」、ボリューム1は「内緒の話をするとき」という具合に、「声の大きさ」を五段階で表したシートを使い、場面によって声の大きさを変えることを意識させていきます。さらに練習する場合には、日常の場面をイラストで見せて、「電車の中で家族と話すときは、ボリュームいくつだと思う?」と選択させたり、「ボリューム5の場面って、どんなときが考えられる?」などと本人にいろいろイメージさせたりするとよいでしょう。このようなイメージトレーニングを加えることで、この支援ツールはより効果的なものになります。

ズバっと 3

解決のためのアプローチ②

「ひらめき」をノートに書かせ、整理させる

サクラコさんのような、次々考えが浮かぶ「ひらめき」タイプの子は、思いついたことを表出

したくて仕方がありません。そこでその表し方を工夫してみましょう。私（阿部）が実際に出会ったある女の子は「パッと」浮かんだことを次々「アイデアノート」に書くという方法を自ら考えてくれました。ただしこれには先生方の理解も必要でした。というのも中学校では「いたずら書き」や「勝手なことをしている」と認識される先生もおられるからです。確かに、授業中一心不乱に何かを書き続けている様子には私たちも驚きましたが、授業妨害的にならないので、先生方も大目に見てくれました。

そして、先生方のあたたかい配慮を得たこのノートですが、新たな展開を見せてくれることとなりました。考えた内容をノートに書いて整理図式化することで、彼女の発言や意見が論理的なものに変わってきたのです。

なお、授業中に質問が多い子などには、ノートの代わりに大きめの付箋を渡して「何か質問があったらここに書いてくれる？」と提案する方法も有効です。

ズバっと4

解決のためのアプローチ③

授業の中で「しーん」とした時間を作る

不規則発言をする子から、「どうして私だけ注意されるの？　他にもしゃべっている人がいるじゃない」と言い返されてしまうことがあります。冒頭で述べたような「いつでも誰かがしゃべっている」クラスだと、それが「勝手な発言」の呼び水になることがあります。「A君やB君も勝手にしゃべるが、サクラコさんに比べれば大したことはないから」というような意見を聞くこともありますが、「どこまでは許してどこからはダメか」が曖昧になりやすいので、できれば短時間でも「誰もしゃべらないで集中している時間」を授業の中に設定していきたいものです。「授業中ずっとしゃべらない」という課題だと難しいですが、「今から一〇分間集中しよう」と時間を区切ってあげれば、サクラコさんにもチャレンジしやすくなります。

深い思考や洞察は、沈黙から生まれます。絶えず音や情報にあふれ、常に誰かが何かを発信する世の中ですが、せめて教育の場では、あえてそれを制御し、静けさの中で自分を醸成する作業を経験させてあげたい、それが、子どもたちの成長を豊かなものにすると思うからです。

加藤陽子先生（十文字学園女子大学人間生活学部人間発達心理学科准教授）

“当たり前”のルールをどう教えるか？

サクラコさんは学習意欲もあり学力も高いけれど、おしゃべりはなかなかやめられないようです。しかし、おしゃべりな人は世の中にたくさんいますし、学習意欲もあって学力も高いのですから、大きな問題はないようにも思えます。では、サクラコさんの問題は、一体どこにあるのでしょうか。

おそらく周囲の人たちは、サクラコさんのおしゃべりに困っているというよりは、「他人の嫌がることは言わない」、「話す順番は守る」といった〈話すときのルール〉をサクラコさんが守らないことに困っているのではないでしょうか。こうした〈話すときのルール〉は、私たちにとって、言うまでもない〝当たり前〟のルールです。しかし、サクラコさんは何度叱られてもなかなかその〝当たり前〟ができません。

近年、このように〝当たり前〟のルールがなかなか身につかない子どもが増えたように感じます。こうした子どもたちへは一体どういう支援の方法があるのでしょうか。以下に、私がリクラコさんに試してみたいと思う方法をご紹介したいと思います。

①具体的な指示を与える

サクラコさんのような子どもにとって、〈あいまいな言葉〉はわかりづらいものになりがちです。たとえば、「読んだ本は〈きちんと片づけ〉なさい」よりは、「読んだ本は〈本棚の元の位置に戻し〉なさい」のほうがより具体的でわかりやすい指示といえるでしょう。私たちが使いがちな〈きちんと〉や〈しっかり〉は、実はとてもあいまいで理解しにくい言葉です。できるだけ抽象的な言葉を避け、具体的でわかりやすい指示を出すようにしたいものです。また、「外では人の嫌がることは言わない」といった注意の仕方もわかりにくいかもしれません。シンプルに「どんなことがあっても言ってはだめなこと」を示す方がよいでしょう。

②ルールを視覚的に示す

また、指示は言葉で伝えるだけではなく、視覚的に目に見える方法で示した方がよいでしょう。多くの場合、クラスのルールや取り組みは、教室の前にある黒板やその周辺に掲示されています。しかし、この方法にはいくつか注意しなければならない点があると思います。というのも、板書や教室前の掲示物は座席の場所によって大きく印象が異なるからです。それらは、一番前で授業を受けている子どもには常にインパクトがあるのですが、一番後ろでは注意しないと風景の一部のようにしか映りません。教壇に立つ先生も、おそらくこれと同じことが言えるでしょう。したがって、簡単で明確な目に見えるルールを効果的に示すためには、できるだけ対象となる子どもに注目させる形でルールを示すとよいでしょう。

サクラコさんの場合、話の初めと終わりのコントロールが不得手なようです。そのため、初めと終わりに合図を出すといいかもしれません。たとえば、机の前に立ち、「では、今から発言タイムを始めます」と言いながら、ぽんと手をたたき、発言してよい時間を示します。終了も同様にするとよいでしょう。

③環境を整える

ところで、授業中の不規則発言は、サクラコさんさえ静かになれば治まる問題なのでしょうか。不規則発言の問題は、多くの場合、周囲の子どもたちもつられて発言してしまうところに困難さがあります。せっかくサクラコさんがルールを理解し守ったとしても、授業中に周囲がひそひそ話をしたりすると、「どうしてあの子は今話すの？」といった混乱がサクラコさんの中に生じてしまいます。だからこそ、サクラコさんにルールを学ばせるのであれば、それと同時に、彼女以外の子どもたちにもルールを守るよう指導する必要があるのです。

不規則発言の多いクラスを観察したとき、子どもたちの発言に負けないように大きな声で話している先生の姿が気にかかったことがあります。大きな声は確かに子どもの注意を引くのに効果的ですが、常に大きい声では意味がありません。大事なのは、声の〈大きさ〉ではなく、〈メリハリ〉です。私が親しくさせていただいている先生の中に、色々な音を授業中に意図的に使っておられる先生がいらっしゃいます。たとえば、集中してほしいと思ったときはコンコンと指で机を鳴らします。周りを見回して子どもたちが集中したのを確認し、「今から言うことは大事なことです」と話を続けます。不思議なもので、一ヶ月もたつと何も言わなくても子どもがコンコンで集中するようになっていました。また、その先生は別の教室で、教壇の中央に立ち、「いいですか。ここは……」と徐々に腰をかがめ、声のボリュームを落としながら話を続けるといった方法もとられていました。すると、子どもの注目は一気に先生へと集まり、みるみるうちにクラスが静まりかえるのです。「人呼んで、〈この指とまれ方式〉です」とその先生は笑っておっしゃっていましたが、このように静かで不規則発言が出ないクラスを時間をかけて作っていくことも、サクラコさんへの支援の一つではないかと、私は思います。

④相談室を活用する

また、サクラコさんの場合、教室以外でも支援を行う機会がありそうです。幸運にも、彼女は相談室で怪談や妖怪の話をしてくれています。これはとても大きな支援のチャンスだといえるでしょう。たいていの子どもたちは、この手の怪談話が大好きです。そこで、相談室便りに「ペンネームSさんからの投稿〈今月の怖い話〉」という一コーナーを設けてみてはどうでしょうか。話すと考えがまとまりづらい傾向があるサクラコさんですが、書くことならできるかもしれません。書くことは考えをまとめる練習につながります。こうした取り組みを何回か続けていくことで徐々に考えをまとめていく訓練ができればと思います。

さらに欲をいえば、その投稿に対する感想などが得られれば素敵だと思います。自分のしたことが、どこかの誰かに好意的に受け取られているという事実は、きっとサクラコさんを元気づけてくれると思うからです。おそらく、サクラコさんは、普段からなんとなく自分が周囲に受け入れられていない感じを持っており、だからこそ相談室に頻繁にやってくるのでしょう。彼女が周囲からプラスのフィードバックをもらえるまたとないチャンスを、見逃す手はありません。

＊　＊

いかがですか。ここで示した例はほんの一例で、そのほかにもさまざまな支援方法があると思います。支援の方法を自分ひとりで考え出すには限界があります。しかし、各教科の教員、養護教諭、主事さんや事務員さん、スクールカウンセラーなど、幸い学校にはたくさんの〝手〟があります。こうした方々から得た情報をぜひフル活用してみてください。「支援のヒントは足で稼ぐ」これは私が現場から学んだモットーです。

サクラコさんの場合にも、「サクラコさんはいつも〈話すときのルール〉が守れていないのか？　守れているときは？」という視点から情報を集めてみるといいと思います。授業形態によって、教科によって、あるいは場所によって、サクラコさんのおしゃべりに差があるならば、彼女にあった支援のヒントがそこに隠されていることでしょう。

「ズバッと」カード▼ No.7 ≫1

望ましい言動を具体的に教えると同時に、皆が「話すときのルール」を守れるようなクラス作りをしましょう。

第二の達人登場！

菊島勝也先生（日本大学文理学部心理学科准教授）

本人とうまくやるための方法を相談してみる

まず、このような子どもと関わるとき、支援する側が陥りやすい落とし穴があります。それは、この子がわざと自分の話ばかりする「傲慢な性格」であるとか、わざと悪口を言う「悪意のある人間」であると判断してしまうことです。一度そのように判断してしまうと、この子に対するサポートというより、「傲慢」な性格を修正しようとか、二度と「悪意」を持たないように反省させよう、といった対応をしたくなってしまいます。

しかしそのような対応は、サクラコさんのような子には役に立たないことが多いのです。その結果、「やっぱりあの性格は直しようがない」と失望し、余計に徒労感をつのらせたり、それ以上のサポートをあきらめたりしてしまいます。これは、支援する側が疲れていたり、トラブルが何度も続いたりすると陥りがちな落とし穴ですので、お互い気をつけたいですね。

ではどうしたらよいか。単なる支援者側の押しつけに終わらないためには、まずは「なんかうまくいかないな……」と感じた出来事について、支援者が本人から教えてもらい、そのことを相談の中で扱っていく必要があります。一見やりたい放題にみえるサクラコさんですが、こちらが丁寧に観察し、彼女との信頼関係を築き、仲良しになった上で、話をじっくり聞いていけば、そういう思いをしているときが見つかるものです。そこをつかまえることができれば、「そのときはうまくいかなかったんだね。じゃあ、次に同じようなことがあったときに、もう少しうまくやるためにはどうしたらよいかな」というふうに、彼女と一緒にこの問題に取り組めるはずです。そこで何かアイデアが見つかれば、それを試しにやってみればよいと思います。うまくいったらもうけもの、うまくいかなければ、また話し合って別のアイデアを考えればよいだけです。

アイデアとしては、たとえば学校場面であれば、先生とサクラコさんだけに通じるサインを決めておくのもよいでしょう。彼女の話が暴走気味になったときに、先生が彼女にしかわからないサインを出して、「そろそろ話を切り上げて」とか「ナイス！　今のはよくできたね」のようなメッセージを送るのも面白いと思います。

また、サクラコさんの失礼な発言ですが、このようなときは、「相手に失礼だから」というような、おそらく彼女には理解しがたい抽象的な理由で注意するのではなく、「他人の外見や体のことについては、どんなことでも口にしてはいけない」というように、よりシンプルなルールで約束すればよいと思います。

おしゃべりを活かせる場を設定する

さらに、これはできる余裕がある場合ですが、逆に思い切りしゃべってもらう場を設定するのも楽しそうです。スピーチ大会を開いて、サクラコさんには得意の怪談話をしてもらいましょうか。ただし、聴衆に「ウケる」ように、支援側が原稿チェックや予行演習等、入念にかつ本気で準備を手伝う必要があります。そうした上で、他者の面白い話やつまらない話をじっくり聞いたり、他者に聞いてもらえる話を作るむずかしさを知ったり、またそれを乗り越えて聴衆にウケたときの充実感を味わったりすること、このような体験が彼女にとって必要なことなのではないでしょうか。

周囲にひんしゅくを買うことの多いサクラコさんであっても、やっぱり友だちは欲しいし、他者と楽しくコミュニケーションをとりたいという気持ちは、私たち大人や他の子どもたちと同様に持っているのです。それだけに、何かうまくいかない感じ、周囲から受け入れられていない感じを彼女なりに感じとっているはずです。そのことをこちらも「感じとり」ながら、彼女に合った手助けができるとよいですね。

「ズバッと」カード▼No.7 >>2

あふれ出る「ひらめき」を、おしゃべり以外で表現できるよう、子どもと一緒にバリエーションを考えてみましょう。

COLUMN：ちょいトレ 7
子どもや保護者に寄り添える支援者を目指して

面接に「沈黙」を取り入れる

時間感覚を鍛えながら実際の面接をうまく組み立てようとするとき、大変苦労するのが「沈黙」を取り入れることです。相談室など相手との距離が近い密室において、お互いに「黙っている」場面はとても長く感じてしまうので、その空気にいたたまれなくなってつい話し始めてしまうこともあるでしょう。

相談で場数を踏んでいないカウンセラーは、「沈黙」が長いと不安になってきて、「『専門性がない』と思われないか」とか「なんとか話題を見つけないと」と必死になりがちです。しかし「沈黙」というのは、面接で重要な意味を持っています。

相談にいらした方は、その静かな時間の中で自分の気持ちを整理したり、言いたいことをまとめたり、こちらが伝えたことを咀嚼しようとしたりしているのです。そんな大切な時間を味わうことなく、カウンセラーがどんどん仕切っていくと、一方的で指示的な時間になってしまい、面接が深まりません。このことは、実際の面接の中で意識していくしかありませんが、じっくり習得していってほしいと思います。

ケースファイル No.8

字を書くのが嫌いな子

書字を苦行にしないために

「なんでこの世に漢字なんてあるんだ。ひらがなとカタカナと数字だけでいいじゃないか！」、そう言った子がいました。小学校入学以来、お母さんと毎晩必死で家庭学習をがんばって、ようやくひらがなやカタカナを習得し、これで解放されたかと思いきや、次は漢字の登場です。しかも漢字学習にはきりがなく、学年が進むごとに難度が上がると知り、目の前が真っ暗になってしまったそうです。

字を書くことに必死で努力している子を見ていると、本当に、ひらがなだけでもいいじゃないかと思うときがあります。書くことがその子にとって苦行でしかなければ、そんな心情にもなってしまいます。しかし皆さんは、「この世から漢字がなくなればいかに不便か」や、「漢字のもたらす豊かさ」もよくおわかりですよね。

ですから、私たち大人は、子どもにただ書かせようとするだけではまだ足りないのではないでしょうか。特に「反復練習が大切」と何十回も漢字をただ書かせて「漢字嫌い」にしてしまうことはどうしても避けなくてはなりません。字が書ける楽しさ、漢字の奥深さや便利さ、文章で心を通わせられたときの喜びなども実感できるような学習を工夫し、字を学ぶことの意義を伝え、書くことの苦痛を少しでも軽くしてあげられたらよいですね。

ケースファイル No.8

字を書くのが嫌いなシゲルさんの場合

小学三年生のシゲルさんは字を書くのが嫌いです。字を書く作業は面倒くさがり、指示されるとしぶしぶ取り組みます。字は乱雑でバランスが崩れ、急いで書くとマス目からはみ出してしまいます。一部分が欠けていたり、へんとつくりの左右が逆になったりすることもあります。

シゲルさんは、漢字の読み仮名のテストなら平均点くらいは取れるし、音読も嫌がらず元気に読んでいます。書字以外には学力的に大きなつまずきは見られません。漢字の宿題は、お母さんがつきっきりでやっとのことで仕上げてきます。「宿題をさせるのに毎日二時間はかかるので大変です」とお母さんから相談がありました。

こんな声かけをしていませんか？

よく見て書こうね

字の形を書き間違えていたら、よく見て書くようにアドバイスするのは、ごく自然なことでしょう。しかしながら、字を書くのが嫌いな子の中には、視覚的な情報処理や微細運動を苦手とする子がいます。自分なりに一生懸命見て書いているつもりでも、字の形を読み取る能力が弱かったり、一時的に記憶することや思い通りに指先を動かすことが苦手だったり、という背景がある場合、よく見るだけでは正しい文字を書くことは難しいのです。そんな子に対して「もっとよく見て」とか「丁寧に書いてね」と言っても、本人を困惑させてしまうだけなのです。

ズバっと1

解決のためのアプローチ①

「書くこと」へのモチベーションを高めよう

シゲルさんは、今まで字を書くたびに「この字は違うよ」などと言われ、失敗体験の連続だったかもしれません。まずは「書くのが辛い・嫌だ」というマイナスイメージを少しでも減らしてあげたいものです。

漢字の宿題も多少の字形の乱れには目をつぶり、「二ページも書いたんだ。がんばったね！」とその努力を認めてあげましょう。そして、机間巡視などの際には、少しでもうまく書けた文字や丁寧に書き直せた文字にこまめに丸をつけ、ほめてあげます。すると、書き損じた字も「オレ、もっとうまく書けるよ」と得意げに丁寧に書き直すようになった、という子に何人も出会いました。そのたびに、やる気を育てることの大切さを実感します。

また、宿題に二時間もかかるのでは、漢字の学習自体が嫌いになってしまいます。集中して取り組める時間を見定めて、それを上回らない程度に課題量を軽減してあげるのもよい方法です。ときには、漢字や作文に親しみを持てるような指導も工夫しましょう。漢字の成り立ちや意味、部首のクイズをクラスで楽しんだり、好きな漢字や四文字熟語とその好きな理由を発表し合ったり、お気に入りの小説やマンガの名せりふを書いたり、先生やグループと一、二行のショート交換日記をしたりして、書くことへの興味や意欲を高めるような働きかけをしましょう。

ズバっと 2

解決のためのアプローチ②

「書きやすい環境」を整えよう

ガチガチに力が入って利き手側の肩が上がっているような姿勢では、長時間書き続けることができません。鉛筆の先の方を力強く握り締めて書いてしまう子は、微細運動が苦手なために鉛筆の先がブレるのを必死に押さえているのです。また筆圧が強過ぎるのも過剰に力が入っている証拠です。授業中に、伸びをしたり手足をブラブラさせたりする時間を作り、筋肉をほぐしてあげましょう。また、椅子が身長に合わなくて、足がブラブラ浮いていると集中力が低下します。適した椅子に変えるか、足元に台を置いて安定させてあげましょう。もちろん、書くマスを大きめにする、鉛筆の長さをチェックするといった配慮も必要です。

机上に置く物をできるだけ減らして、ノートをまっすぐ置けるようにしてあげることも大切です。ある先生は「筆箱とプリント以外は全部しまって」などと課題が切り替わるたびに指示を出し、子どもたちが机上を片づけたのを確認してから次の課題に移っていました。これはクラスの子全員にとって役立つ工夫と言えるでしょう。

ズバッと 3 解決のためのアプローチ③

字の形を言語化・音声化してみよう

視覚情報処理の苦手さを、言語情報に置き換えて補う方法も有効です。「親」という漢字を「木の上に立って見る」と覚える方法を聞いたことがあるかと思いますが、このように形を言葉に表していく方法もそのひとつです。たとえば、「室」という字なら、まずお手本をなぞりながら、「一番上にカタカナのウ。横線一本ビーッとひいて、カタカナのム。最後に土」と形を言葉で分解します。それを復唱しながら書くようにすると、多少複雑でも正しく書くことができます。

川上康則先生（東京都立矢口特別支援学校主任教諭）

書くことが苦手な子の書字指導・三つのコツ

シゲルさんは、おそらく「見分ける力」と「書き分ける力」が弱いのだと思います。

小学校低学年で習得する文字（ひらがな・カタカナ・漢字）は約三四〇ですから、それだけの違いを見分け、書き分ける力が必要になります。たとえば、「人」と「八」と「入」は、ほぼ同じ要素の二つの線分でできています。全体がどのように構成されているか、部分的にどこに違いがあるかを瞬時に見分ける力が求められます。

違いに気づくためには、文字全体の形を把握しながら部分的なポイントにも着目するといった力が必要です。そのため、見たとおりの文字の形を認識したり、脳の中で見なくても思い出したり（再構成）する力が弱いと、字を書くことにつまずきやすくなります。

また、「この文字を書くにはこういう書き順で……」という運動想起の力が弱かったり、実際に書く動作を再現する力が弱かったりする場合も、字を書くことに苦手意識を感じてしまいやすくなります。シゲルさんの気持ちを疑似的に体験したい場合は、利き手と反対の手にペンを持って、字を書いてみてください。きれいに書こうと意識しても、利き手ほど思う通りに動かないのが実感できると思います。頭の中に文字のイメージがあっても、思った通りに字が書けないという「出力不全」の状態はフラストレーションがたまります。

書く際の注意ポイントをいくら教えてもなかなかできない子どもたちに「がんばればできる」、「繰り返せば習得できる」と励ますのは、「杉林に行ってがんばれば花粉症が治る」と言っているようなものです。上手に書くための教え方のコツを身につけましょう。

コツ1 一つの動きを五つの言い方で

身体を動かす感覚は人によって異なります。動作を正確に伝えるために、イメージしやすい具体的な言葉に置き換えましょう。

たとえば、失敗を指摘されやすい「はね・止め・はらい」のうち、「止める」という動作ならば、以下のような異なる言い方ができると思います。

①鉛筆の先を紙に強めに押しつけてごらん。
②親指と人さし指で鉛筆をキュッと押さえると止まるよ。
③書き終えるときに、一秒間ペン先を見てみよう。
④鉛筆に「気をつけ」の姿勢をさせよう。

⑤鉛筆に「止まれ！」って言ってみようか。

コツ2 手を添えて、手の動かし方を伝える

「なぞり書き（透写）」や「先生が一画ずつ書くのを見て、真似て書く（模倣写）」の指導機会をたくさん設定すれば、必然的に「見ないで書く（暗写）」ができると考える先生が多いようです。しかし、シゲルさんの場合は、従来の指導ではなかなか乱雑な文字を直せません。

そもそも文字とは、複数の線分が一定のルールに従って組み合わされたものです。字のバランスが崩れてしまうのは、ある一本の線分を書き始めるための始点のコントロールが難しかったり、線分の書き終わりを示す終点のブレーキがききにくかったりすることが原因であると推察できます。一つの文字を書きあげるのに必要な動かし方や力の入れ方の実感が乏しいのです。

そこで、シゲルさんの手に直接的に手を添え、手の動かし方や力の入れ方を教えてあげます。こうすることで、体内感覚を通して指や手首の動かし方や力の入れ加減が伝わりやすくなります。

①手添えの際のポジショニングは、できればシゲルさんと向かい合って、正面から手を添えてあげます。右利きの子の場合は、指導者は正面から左手を使って添えてあげるとペン先が隠れません（写真1）。

②シゲルさんの手全体を包み込んであげるように手を添えます。その際、指導者の親指をシゲ

ルさんの人差し指の上に、指導者の人差し指をシゲルさんの親指の上にくるように載せます。指導者の右手は、人差し指で、注意して見てほしい部分にポインティングします（写真2）。

③線分の始点・終点・曲がるポイント・交差するポイントなどは、とくに意識しやすくなるよう、痛くない程度に強めの圧をかけてあげます。その際に一秒程度、手の動きを止めてあげます（写真3）。

④正面から関わるのは、どこに注目して見ればよいのか、目の使い方も同時に教えてあげられるからです。たとえば、線の終点から次の線の始点までの移動の途中は目が離れやすくなるため、目が逸れたらそこでいったん動きを止め、再度集中を促してあげると丁寧に書けるよ

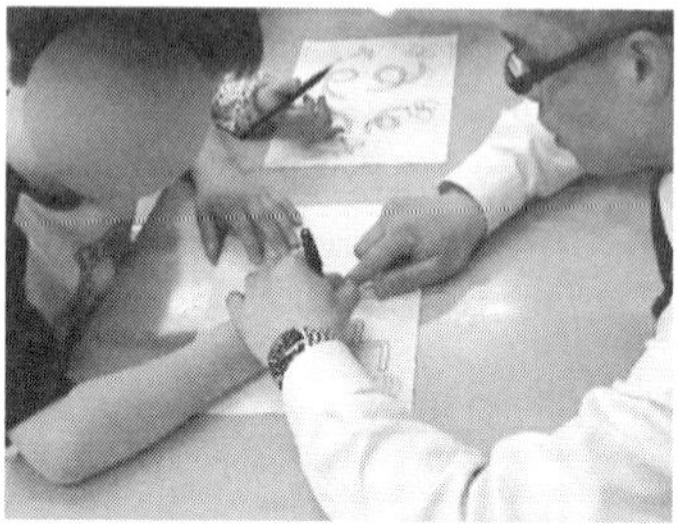
写真1

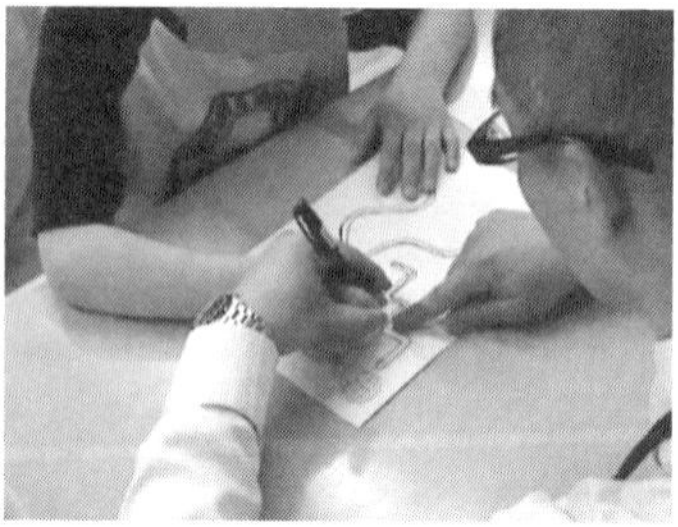
写真2

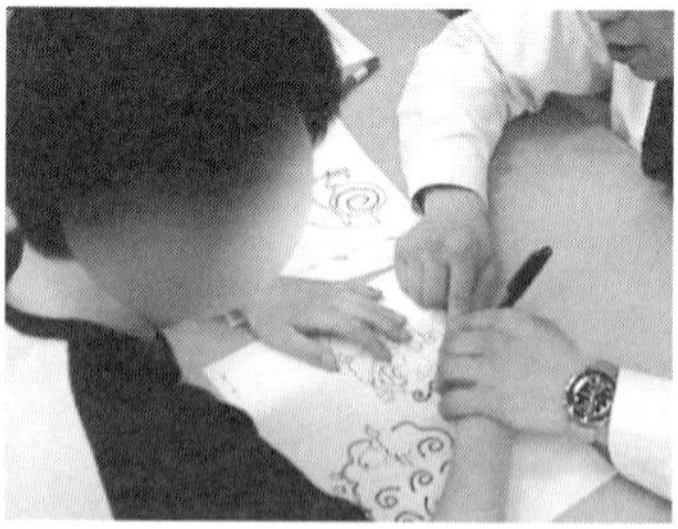
写真3

うになります。

⑤筆運びが早い子には、「徐行運転だよ」「坂道を下るときのようにブレーキをかけながら」などといった丁寧な動きづくりを支援する言語指示を行い、手を添えます。同様に、線分の長さや角度、曲がり具合などについても、耳からの情報を添えながら指導を行うと書きやすくなります（図1、小野村哲著『ひらがなれんしゅうちょう』（いばらきマナビィ・ネット、二〇〇六）を一部改変して使用）。

コツ3 うまく書けたら、その場で一緒に喜ぶ

うまくできない子ほど、自己流でやりたがるため、手を添えられることを嫌がる傾向が強いようです。できるだけ小さいうちに「手を添えてもらって書くと、うまく書ける」という経験を積み、支援を受け入れる態度を養いたいものです。そのためには、一文字書けたら子どもと一緒に

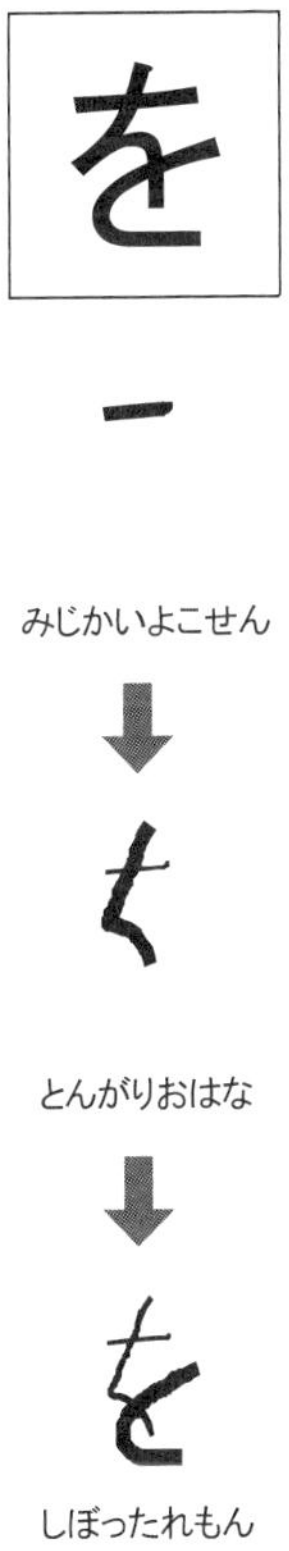

図1 「を」を書くときの言語指示の例

喜ぶ、これが大切だと思います。

学習障害（ＬＤ）の子の示すつまずきのサイン

学習障害（ＬＤ）の中で、最も多いと言われているのが「読み書き」のつまずきです。「読み」が苦手な子、「書き」が苦手な子、両方苦手な子とさまざまですが、原因については、現段階では中枢神経系（脳を中心とした認知処理のプロセス）に何らかの機能障害があるのではと仮定されているだけです。したがって、私たち指導者は、障害の定義に当てはめて「できないから、この子はＬＤではないか」と規定しようとするのではなく、「うまくできないことの背景にどのようなつまずきがあるのか」という洞察的な視点をもつことが肝要です。

実際には、子ども自身も他者と比較して、すでに「うまくできない」「落ちこぼれている」と気づいていることが多いように思います。気づけていても自分ではどうしようもできないという自己評価の低下が、結果的に授業等への不適応という形で顕在化することも少なくありません。無気力、意欲欠如、授業妨害等といった目に見えやすい行動だけを見取るのではなく、その背景にあるつまずきを理解するようにしましょう。

「ズバッと」カード No.8

子どもの持つ身体感覚に合わせ、その子がイメージしやすい具体的な言葉で「書く」動作を伝えましょう。

教えて達人!

より深く学びたい人のために

「感覚統合の視点を応用して不器用な子の支援を考える」

「感覚」と言うとき、一般的には、視覚、聴覚、嗅覚、味覚、触覚といった五感を指します。

ところが、人間にとって必要な感覚はそれだけではありません。痛みを感じる「痛覚」、圧迫をとらえる「圧覚」、関節や筋肉の状態を脳に伝える「固有感覚」、揺れや傾きを感じ取る「前庭感覚（平衡感覚）」、温度差をとらえる「冷温覚」、疲労感や倦怠感を伝える「血液成分感覚」といった多様な感覚が存在し、しかも、それらは通常ほとんど意識されることなく働き続けています。

書字が苦手な子やリコーダーなどの楽器演奏が苦手な子、姿勢が崩れやすい子といった不器用さを持つ子の多くが、実は、身体の各部位の位置や動き、力の入れ加減を知る感覚が混乱していたり、未成熟だったりします。これらの感覚が機能しきれていないと、当然ながら、動きが粗雑なままで、新しい運動の習得がうまくできません。物の扱い方が乱暴になったり、人への接し方の加減ができなかったりといった行動面のつまずきも同時に顕在化することが多いようです。

つまずき①「視力はよくても、物をとらえきれていない」

「不器用な子」というと運動の出力部分につまずきがあると理解されることが多いようですが、むしろ前段階の情報の入力部分や処理部分につまずきがあるようです。視覚・運動統合発達検査（VMI）という図形の描き写しテストでは、線分の角度や長さ、交差点や接点を正しくとらえるのが困難であるという子がほとんどです。視力がよい子でも、物の形を正しくとらえているとは限りません。写真4のように、三本の線分が交差しているものが、六本の線分が中心に向かって集まっているように見えたとすれば、線分が交差する「あ」や「ぬ」などのひらがなや、画数の多い漢字を書くことが難しくなります。結果として、一画多い、一画少ない、熟語の上下が逆になるといった間違いが頻出します。また、字の大きさや形が整わない、筆圧が弱い、丁寧にゆっくり書けない、ササッと書いて確認をしない、などの特徴も多いようです（写真5）。

つまずき②「目を回せない」

直立して一方向へのぐるぐる回りを続け、急に立ち止まると、回転性めまい（世の中がぐるぐる回る感覚）が生じます。平衡感覚と視覚は密接に関連し合っており、身体の揺れや回転に見合う視野変化を伝える信号が正常時と比べアンバランスになっていることを脳に伝えているのです。

ところが、筆者がこれまで関わってきた「書字が苦手な子」の場合、目をほとんど回せなかったり、逆に、極端に目を回しやすかったりといった特徴を示すことが多いことがわかってきました。前者の子は、前庭感覚（平衡感覚）がほとんど使われていない、後者の子はそれが働き過ぎている、どちらも「うまく機能していない状態」だと言えます。他にも「閉眼片足立ち」や、踵とつま先をくっつけながら直線上を歩く「タンデム歩行」が苦手な子が多く見られ、いずれも前

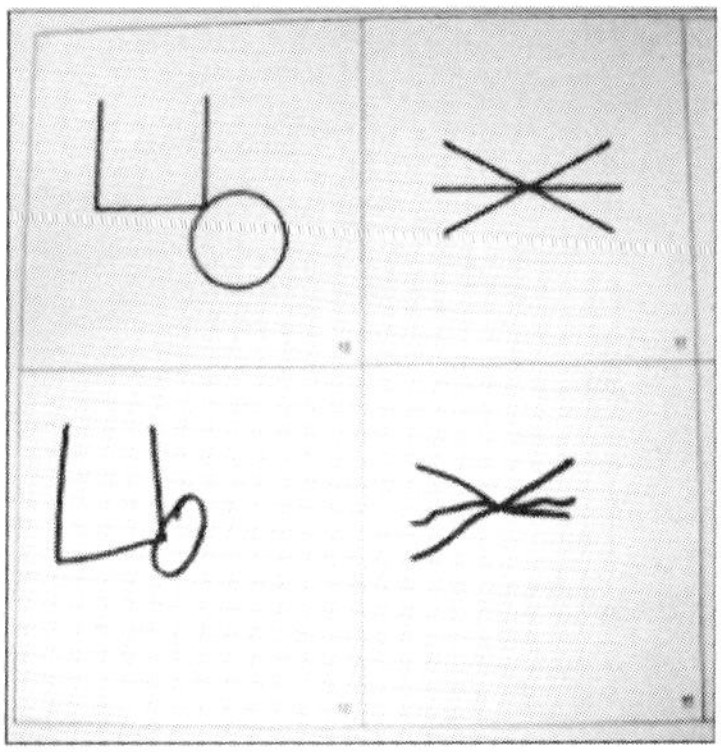

写真 4

写真 5

庭感覚（平衡感覚）がうまく機能していないことが推察されました。

こうした事実は、指導者に、「みんなと同じように見えていないかもしれない」、「みんなと同じように伝えてもわかりにくいかもしれない」といった洞察の必要性を示唆しています。

つまずき③「他人から触れられることを嫌がる」

『自閉っ子、こういう風にできてます！』（花風社）において、作者のニキ・リンコさんが抱える触覚の過敏性がとてもわかりやすく表現されています。「雨が皮膚に触れるのが痛い」という自身の感覚を、皆がごく普通に持つ感覚だとずっと思っていて、宮澤賢治の『雨ニモマケズ』は「雨に打たれるのは痛いけれども、痛さに耐えて頑張ろう」という意味だと解釈していたというエピソードです。雨粒すら「痛い」と感じるほどの触覚の過敏性……当然のことながら、人に触れられることが予測できる場面で、身を守ろうとする防衛的な行動様式が出やすくなるだろうことは想像に難くありません（これが「感覚防衛」と呼ばれる理由です）。

前述では、「手添え」という支援の有効性をお伝えしましたが、触覚の過敏性が強ければ、指導者に手を添えられること自体が受け入れ難い刺激となります。触覚の過敏性を踏まえずに無理に手を添えようとしたなら、逃避的、拒否的、場合によっては攻撃的にもなってしまいます。日常生活で握手やハイタッチが可能な関係になっているか、手添えが支援の一つであることを子ども自身にも理解してもらっているかなど、触れられることを受け入れる土台があるかどうかを事前に確認しておくことが大切です。

●実践事例から

ユウスケさん（仮名）は、小学二年生の男の子です。授業中は手遊びが多く、先生の指示を聞き逃しがちです。字を書くことに苦手意識があり、特に漢字は書きたがりません。「ゆっくり丁寧に」と指示を与えても、一番に提出しないと気が済まず、なぐり書きがなかなか直りません。先生が手を添えようとすると、表情が険しくなり、「トイレに行きたい」と場面拒否がはっきり出ます。クラスメイトとの関係性については、友だち思いの優しい面もありますが、相手に接するときに力の加減ができないことがあります。運動全般が不器用で、キャッチボールができません。

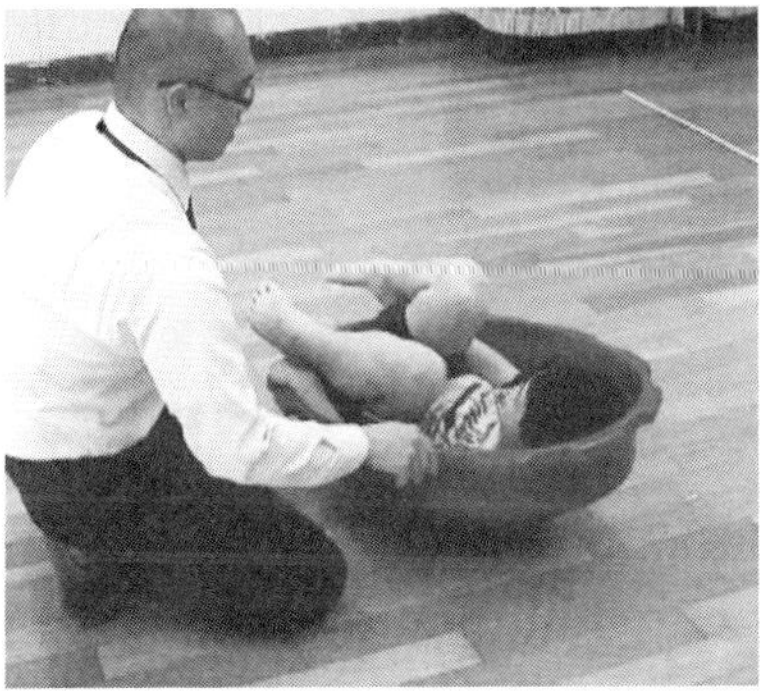
写真６

ユウスケさんに、ローリングシーソー（回転遊具の一つ）に仰向けで乗ってもらい、回転性めまいの程度を確認してみると、「頭がクラクラする」と話すのですが、それに見合った眼振がまったく確認できませんでした（写真６）。「閉眼片足立ち」や「タンデム歩行」も難しかったため、前庭感覚（平衡感覚）が正し

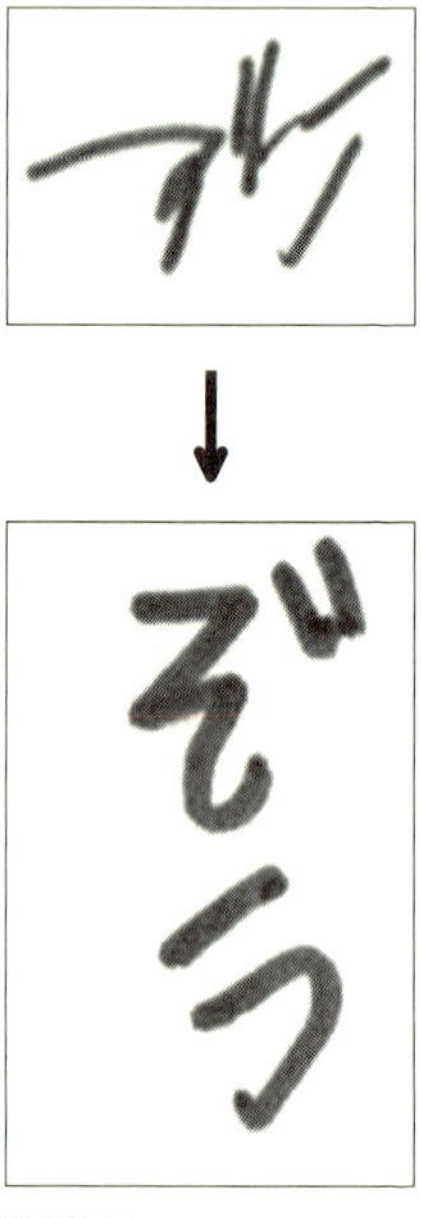

写真7

く機能していないのだろうと仮説を立てました。また、書字の際の手添え支援を嫌がる様子から、触覚の過敏性も強いのだろうと仮説を立てました。

実際の指導では、まず、揺れ刺激を受けて姿勢を維持させ、前庭感覚（平衡感覚）の機能の改善を図りました。これは、〝使われずじまい〟だった感覚を強制的に鍛えるのではなく、適切な感覚刺激を入力してあげて〝使いやすくする〟という発想です。次に、手をつないで大人と一緒にトランポリンを跳びました。他者からの目的のある触れられ方なら支援を受け入れたほうがうまくいく、という気持ちになってもらい、触覚の過敏性を軽減するためです。トランポリンに四〇分程度乗った後に、手添えの支援を受け入れながら、ゆっくりと、イラストのなぞり書き（透写）や、ひらがなの模写を行いました。他者のペースに合わせることは、ユウスケさんにとっては大変苦痛なことなので、一つの課題の七割程度はユウスケさんが一人（支援なし）で行い、三割程度だけ手添えを受け入れてもらうようにしました。しっかり手本を見ながら調節して書けるようになると、線分の始点や終点、接点や交差点をしっかり意識するようになってきました。書字は、集中が持続できる二〇分程度で切り上げました。

約一時間程度の指導が、ユウスケさんにどのような変化をもたらしたのでしょうか。指導前に書いたひらがなの「ぞう」と、指導後に書いてもらった「ぞう」を見比べてみてください（写真7）。

ユウスケさんのご家庭では、こちらからお伝えしたホームプログラムを毎日欠かさず実践してくださっているそうです。ユウスケさんのケースは、諸感覚がうまく機能するようになるだけで、ずいぶん落ち着く、という好例だと思います。落ち着いたのは、その子自身が改善されたというだけでなく、保護者や教師がその子のつまずきの原因に納得し、大人側の気持ちにゆとりができたという要素も含まれているように思います。

特別支援教育の領域では、つまずきの要因を突き詰めるという作業が欠かせません。感覚の機能に着目する視点は、子ども理解をもっと豊かにし、支援の方向性をより確かなものにするのではないでしょうか。

（川上）

謝辞　事例の紹介について、ユウスケさんのご家族より承諾をいただきました。この場をお借りしてお礼申し上げます。

No.9 ケースファイル

失敗を恐れる子

失敗恐怖とうまくつきあうには？

私たちは誰でも、人前で失敗したり、恥ずかしい思いをしたりするのは嫌なものです。けれども、学校生活を失敗することなく通り抜けることなど、まず不可能です。

むしろ、たくさんの小さな失敗をし、それを乗り越える経験を重ねることはとても大切なことで、それがその子の将来の強さや問題解決能力を育むことにつながるといってもよいでしょう。

しかし、失敗すること自体に耐え難い恐怖を感じ、失敗を極力回避しようと悩む子もいます。

教育相談に携わっていると、そのような、失敗を極端に恐れるあまり苦しい日々を送っている子どもたちの多さに気づきます。「失敗恐怖」が学校生活を「不安」なものにしているのです。

大人としては、できれば子どもたちに不安のない生活をさせてあげたいものですが、私たちの人生から完全に「不安」を取り去ることはできません。ですから、「失敗恐怖」とどうにかうまくつきあっていける方法を子どもと一緒に考えてみることも、とても大切なサポートなのです。

ケースファイル No.9

失敗することを恐れるハヤトさんの場合

小学校五年生のハヤトさんは、授業中の発表場面をとても嫌がります。とくに国語の音読が苦手で、音読が嫌で学校を欠席してしまったことも何度かあります。授業中に自分から手を挙げて発言することはありません。順番で指名されてしまったときには、蚊の鳴くような声で答えることもありますが、自信がないときは黙ったまま固まってしまいます。

クラスの子どもたちの中には、そんなハヤトさんを見てクスクスと嘲笑する子や「早く言えよ」などと急かす子もいます。それで、担任の先生はハヤトさんをなるべく指名しないようにしてはいますが、あまり特別扱いするわけにもいかず、対処に困っています。

あるとき、ハヤトさんは「みんなの前で間違えちゃったらどうしようと思って、怖くなるんだ」と目に涙を浮かべながら先生に話してくれました。緊張のあまり、授業中にたびたび腹痛を感じていたこともわかりました。

ハヤトさんは、低学年のころから音読が苦手で、読み間違えや読み飛ばしが多かったようです。

不安は見過ごされやすい悩み

ハヤトさんは失敗を恐れるあまり、発言場面でひどく不安になってしまうようです。こうした不安に悩んでいる子どもは多いにもかかわらず、私たち大人はなかなか気づいてあげられません。つまり、ハヤトさんのように、黙って固まってしまうなど目に見えて行動に現さない限り、見過ごされやすい悩みなのです。しかし、その子自身は苦痛を感じているわけですから、その苦痛を軽減させてあげることが必要になります。

失敗を恐れる子どもは、過去に失敗体験を重ねてきたために自信を失っていたり、些細な失敗も大問題と感じてしまう考え方の癖を持っていたりします。こうした子どもたちが少しでも自信を持って学校生活を送れるように、あたたかい目で応援してあげたいものです。

こんな声かけをしていませんか？

もっと自信を持って、がんばれ

ハヤトさんのような子を見ると、つい「がんばれ」と励ましてしまいがちです。もちろん、「がんばれ」という言葉には応援する気持ちが込められています。しかし、子どもたちはすでに失敗しないように必死にがんばっていたり、苦痛に耐えていたりするわけですから、その上、

「がんばれ」という言葉かけをすれば、かえってプレッシャーになってしまうのです。

子どもに自信を与えてあげるための言葉を、「がんばれ」以外にいくつか考えてみましょう。たとえば、「うまくできているよ」「一生懸命やったんだね」「君らしくていいね」などと言われたら、子どもは自信を持てるのではないでしょうか。

不安の強い子どもに必要なのは「安心感」です。今できていることやこれまでの努力を認めてもらう言葉をかけてもらえると「これなら自分にもできそうだ」と安心して、さらにチャレンジする勇気がわいてくるものです。

ズバっと1 解決のためのアセスメント
学習に関する基本的な力を把握する

ハヤトさんは低学年のころから読み間違えなどがあり、読みには苦労してきたようです。こうした読み書きや計算、記憶力、理解力などの能力をどの程度持っているかを把握することはとても重要です。失敗を恐れる背景には、能力的に苦手な部分を持っているために失敗体験が重なってしまったことがあるのかもしれません。こうした能力の特徴を知るためには、専門機関で知能検査（ＷＩＳＣ－Ⅲ、Ｋ－ＡＢＣ等）を用いる場合もあります。しかし、必ずしも知能検査を行わなくても、読み、書字、絵、作文、会話など日ごろの学校での様子をよく観察することで、特徴をある程度知ることができます。「その子がどんなことで困っているか」という視点で子どもの能力を見直してみると、サポートすべき点が見つかるかもしれません。それを取り掛かりにして、ハヤトさんの苦手な部分を伸ばしてあげられれば、自信をつけてもらうことができます。

ズバっと2
解決のためのアプローチ①
自分自身を励ます言葉を持たせる

不安になったとき、いつも大人が励ましてあげられるわけではありません。ハヤトさんと話し合いながら、不安になったときに自分を励ますセリフを考えましょう。たとえば、「失敗は成功のもと」、「誰だって失敗はする」、「人の目なんか気にしないで大丈夫」などの言葉です。こうして決めたセリフを声に出してみる練習を行います。そして不安になったときには、このセリフをつぶやくように勧めます。心の中で唱えるだけでも構いません。不安を鎮める助けになります。

ズバっと3
解決のためのアプローチ②
大人が「失敗しても大丈夫」というモデルになる

「失敗しない方がよいだろうけど、もし失敗したって大丈夫だよ」と、失敗も受け入れる方向に進めます。失敗恐怖の子どもは、「絶対に失敗してはいけない」とか「失敗をしたら大変なことになる」と思いつめているところがあります。しかし、実際には誰でも失敗することはあるし、その失敗が二度と取り返しのつかないような事態になることはほとんどありません。それに気づいてもらうために、先生が子どもの前で示してみせます。

たとえば「先生も会議で話すときなんかはすごく緊張して、声が裏返っちゃうこともあるんだ。でも、誰だって緊張するんだから、ってあんまり気にしないようにしてるけどね」と失敗談を話します。また、授業中に先生が読み間違えたときには、「おっと、間違えちゃった。でもたいしたことじゃないから気にしない、気にしない」と笑顔で言ってみせます。宿題のプリントを配り忘れた翌朝は、「ごめん、先生うっかりしちゃってさあ」と潔く謝り、子どもたちに許してもらいましょう。そんな先生の姿を見て、子どもは「先生だって失敗するんだ。失敗しても大丈夫なんだ」と安心することができます。

クラス全体に対して先生が日常どう振る舞っているかも振り返りましょう。つい「またお前か」「何回言えばわかるんだ」など、失敗した子を責めたり、間違いを受け入れないような態度をとっていないでしょうか。他の子の失敗は許さないのに、君だけは失敗しても大丈夫、などと言われても説得力はありません。誰かが間違えたら、『ここは皆が間違えやすいところだから、大事だね」とか「君の考えも参考になるなあ」などと声かけし、失敗することはいけないことではないと皆に伝えましょう。クラス全体が失敗に寛容な雰囲気になれば、きっとハヤトさんのチャレンジする勇気も少しずつ育ってくれることでしょう。

美和健太郎先生（埼玉県飯能市立教育センタースーパーバイザー）

ここでは、ハヤトさん本人へのアプローチとクラスへのアプローチの二点から、不安を軽減する方法を紹介します。

不安階層表を使う

まずハヤトさんと話し合いながら不安階層表（図1）を作成します。不安階層表とは、不安の強さを得点にして順に並べたものです。この表をもとに、不安の弱いものから順に繰り返し練習していきます。できることから少しずつ、「ちょっとドキドキしたけどうまくできた」という成功体験を積み重ねさせて自信をつけていきます。その際、先生はハヤトさんの努力をねぎらったり、少しでもうまくできている部分をほめてあげたりするような、あたたかい言葉かけをして、少しずつ彼の自信を育てていきます。

このとき、不安が強過ぎる場面を無理に経験させると、「やっぱり失敗した」、「あぁ、怖かった」と子どもは失敗体験として捉えてしまうので注意が必要です。大切なのは、不安の少ないところから少しずつ克服していくことです。したがって、「クラス全員の前で一人で読む」といったとても不安の強い場面は、当面は免除とします。

先生としては「特別扱いはできない」と悩むかもしれませんが、いずれできるようになるための基礎練習の期間と考えて、あまりに不安が強過ぎる場面については特別扱いをしてあげることも必要でしょう。

クラスメイトの協力を得る

このクラスでは、周囲の子どもたちが嘲笑したり、急かしたりするようですが、これはハヤトさんが不安になりやすい環境です。クラスメイトへの対応では、①「ハヤトさんが読まないのはズルい」と不満を持つ子への対処と、②失敗を馬鹿にする子たちへの対処が必要になります。

先に挙げたように、不安が強い場面を免除するような支援を行う場合は、「ハヤトさんだけは読まなくても許される」というようにクラスの子どもたちには映ります。そこで、「ハヤトさんは、発言ができるように先生と一緒に練習してがんばっています。ですから、みんなも応援してあげましょう」というように、クラス全体にきちんと説明しておく必要があります。失敗を馬鹿にする

場面	怖さ
クラス全員の前で一人で読む	100
班の人たちの前で一人で読む	80
班の人といっしょに読む	60
クラス全員でいっしょに読む	50
先生の前で一人で読む	30
先生と二人でいっしょに読む	10

図1　不安階層表（例）

ような発言に対しては、「人の失敗を笑ったり、馬鹿にする言葉は許しません」と毅然とした態度で伝えることも必要です。

ただし、こうした指導だけでクラスメイトの協力が得られるわけではありません。もっとも大切なのは、クラス全体に「人をほめる雰囲気」をつくることです。先生自身が日ごろの学級指導の中で子どもたちをたくさんほめてみましょう。授業中に発言した子どもに日ごろから担任の先生が「いい意見だね」、「意見を言ってくれてありがとう」と声かけをしていると、そうした姿勢がクラスの子どもたちにも伝わります。また、他の人が発言したときには全員で拍手をするという方法を取り入れているクラスでは、どの子も生き生きとしていて、発言しやすい雰囲気があります。

「ズバッと」カード▼ No.9

できるところから、小さな成功体験を積ませましょう！
小さな成功を認めてあげられるクラスにしましょう。

教えて達人！

より深く学びたい人のために

「不安階層表の活用方法——不登校支援ケースを通して」

不安階層表は、さまざまな不安場面で利用できます。ここでは不登校の登校支援を例に挙げて、不安階層表の活用方法を詳しく説明していきます。

●不安について理解を深める

不安階層表を用いて不安を克服するチャレンジを行うためには、まずその子が不安についてよく理解することが必要です。その際の要点は次のようなものです。

①不安の強さは場面によって違う。強い不安を感じないでいられる場面もあると気づく。
②繰り返し体験していくと、その場面の不安が減っていく。
③不安の少ない場面から順に体験していけば、不安の強い場面もいずれ克服できる。

これらを理解してもらうのに、たとえば子どもにこのように問いかけてみます。

筆者「水が怖くて泳げない小さい子に、水泳を教えてあげるとしたらどうしたらいい？」

子ども「いきなり泳がせるんじゃなくて、先に顔つけの練習するとか」

筆者「いいアイデアだね。じゃあ、顔をつけるのも怖いと言ってたらどうしよう?」

子ども「じゃあ、最初は膝くらいの浅いプールで水に慣れるまで遊んで、その後に深いプールに入って歩く練習して、それから顔つけして、潜る練習して……」

筆者「うまい方法だね。あまり怖くないところから、少しずつ練習して慣れていくってことだね。この方法なら水が怖いのも克服できそうかな?」

子ども「うん、ちょっとずつ練習すれば、たぶんできると思います」

このやりとりの中には、不安の弱いものから強いものまでたくさんの場面を挙げて(要点①)、慣れるまで練習して(要点②)、不安の弱いものから順に克服していく(要点③)、という三つの要素が含まれています。しかも、これを大人から一方的に説明されるのではなく、子どもが自分自身の言葉で説明しているので、理解もより深まります。

●不安階層表の作成

子どもが不安について理解できたら、次は本題の「登校の不安」について話を進めていきましょう。前述したように、子どもとじっくりやりとりをしながら、不安階層表(図2)を作成していきます。不安場面を記入するための小さなカードを用意しておきましょう。

場面	怖さ
教室でみんなと一緒に授業を受ける	100
休み時間に教室にいる	90
教室で給食を食べる	85
授業中に自分の教室の前を通る	50
離れたところから体育を見学する	40
休み時間に相談室で仲良しの○○君たちと会う	30
授業中に他の学年の教室の前を通る	20
授業時間中に職員室に行く	10
授業時間中に相談室にいる	0

図２　相談室から教室復帰までの不安階層表の例

話し合いながらカードに不安の点数を記入してもらったら、点数の順に並べ替えます。そして、その場面と点数を一覧表にします。なお、「怖さ」の表現については、その子が自分の苦痛を表現するのにもっとも馴染む言葉をさがしてあげましょう。たとえば、「怖さ」「不安」「ドキドキ度」「きつい度」「緊張度」といった表現をよく使っています。

●チャレンジ課題を決める

完成した不安階層表を見ながら、実際にチャレンジする場面について話し合いましょう。不安点数が高い場面は避け、不安点数が低い、チャレンジしやすい場面を二人で話し合って選びます。

●不安場面にチャレンジ（体験）する

不安階層表に基づいて、不安点数の少ない場面から順に体験させていきます。この際に大切なポイントは以下の二つです。

(1)不安場面に長い時間いる

不安場面に触れた瞬間は、心臓がドキドキしたり、気持ちが落ち着かなくなったりといった不安反応が起こります。こうした不安反応が減って落ち着くまでにはある程度の時間が必要です。たとえば、一瞬だけ教室に入ってすぐに出てくるようなチャレンジを行うと、不安反応がピークの状態のまま教室を出ることになるので、「あぁ、やっぱり怖かった」と感じてしまうのです。一回あたりのチャレンジの時間は三〇分くらいはあるとよいでしょう。そして、チャレンジを終えたとき、「入る瞬間と三〇分後では感じ方は違う?」と子どもに問いかけてみましょう。その子が「入るときはドキドキしたけど、しばらくしたら大丈夫になってきた」と感じることができれば、そのチャレンジは成功です。「よくがんばったね」と笑顔でほめてあげましょう。

(2)不安場面を体験する回数を多くする

前記のような成功体験を繰り返し行っていけば、次第に自信がついて不安反応は起こりにくくなっていきます。ただし、不安が確実に減るにはやはり回数をこなす必要があります。「もう怖くなくなった」と思えるまで、その場面のチャレンジを繰り返します。少なくとも一つの場面あたり五～一〇回くらいは行いましょう。そして、一週間に一度は成果の振り返りをします。振り返りでは、不安点数が減少したかどうかを確認して、点数が変わっていればその点数を階層表に書き込みましょう。さらに、繰り返しチャレンジを行った努力をほめてあげましょう。不安点数が減っていて、さらにほめられると子どもは自分の努力で克服できたと自信を持てます。

このようにして、チャレンジと一週間後の振り返りを繰り返して、順に不安場面を克服していきます。そして、一つずつクリアしていけば、いずれ教室にもたどり着くことができます。

（美和）

COLUMN：ちょいトレ 8
子どもや保護者に寄り添える支援者を目指して

面接のペースを考える

時間の感覚というものは、クライアントと実際にお会いする時間の中だけでなく、もっと長期的なスパンでも考える必要があります。毎週丁寧に面談しなければならないケースもありますが、むしろ計画的に二〜三週間ほど空けて、その期間のお子さんの様子をチェックしてきてもらう場合、あるいはこちらが提案した関わり方を実際にやってもらって、お子さんの反応を報告していただく場合、または相談の終結に向けて、フェイディング（Fading）のために間隔を少しずつ空けていく場合などがあります。

こうした間隔の見極めはとても大切で、あまり空け過ぎても、あるいは短過ぎても、うまくいかないことがあります。この「間隔の感覚」は、カウンセラー一人で磨くことはできません。たくさんのクライアントのご相談を受けていく中で、「次はいつごろお会いしましょうかね？」とか「この提案について、ご家庭でどのくらいチャレンジしていただけますか？」と確認しながら調整していく経験によって磨かれ、研ぎ澄まされていくのです。

COLUMN：ちょいトレ **9**

子どもや保護者に寄り添える支援者を目指して

大切な話題に触れる場所を考える

相談というと、相談室で向き合ってするもの、という固定概念がありますが、実は「大切な話題に触れる場所」を意図的に相談室以外にする、という方法があります。

子どもとであれば、近所を散歩しながら、何かを食べながら、卓球をしながら等、間に作業や物を介しながら話題に触れると、子どもにとって話しやすい雰囲気をつくれます。公的な相談機関の場合はなかなか難しいかと思いますが、この方法はこれまでベテランの生徒指導担当の先生などが当たり前にやってきた手法ですから、その点では先生の方が取り入れやすいかもしれません。もちろん、最近は先生のお立場にもいろいろと制限があって難しくなってはいますが……。

保護者面談では、案外「受付でご挨拶したとき」「相談室に向かうとき」「次回の予約を決めるとき」などの立ち話的な会話の中で重要な「言葉」や「思い」を聞けることがあります。相手のプライバシー保護のため、周囲には気をつけながらも、さらっと大切な話題に触れてみることも大切です。こういう場面で、思わぬ本音やサプライズが聞ける可能性がありますよ。

No.10 ケースファイル

場の空気が読めない子

「ＫＹ」という言葉から

女子中高生を中心に使われるようになった「ＫＹ（空気読めない）」という言葉、不快ですよね。しかし、子どもたちの文化でも「空気を読む」ことはかなり重要だということなのでしょう。学校での「場の空気」というのはきわめて流動的で、特定の児童生徒によって支配されがちです。その空気を読めないと「ハズされてしまう」ので、それればかりにピリピリ気を遣い過ぎて疲れてしまう子もたくさんいるのです。

学校を巡回していても「場の空気が読めずにクラスのムードを乱す子がいる」と先生から相談を受けることがあります。もう少し周りの状況を意識すればいいのになあ、と大人が心配になってしまう子っていますよね。

たとえば、今回のケース、タケシさんのように……。

ケースファイル No.10

場の空気が読めないタケシさんの場合

小学校六年生のタケシさんは、とてもまじめで勉強もよくできます。読書が大好きで、いろいろなことを知っています。授業中も、ユニークな発想を披露したり、先生も感心するような意見を言ったりしてくれます。

そんな彼ですが、友だちのミスやきちんとしていない態度が許せず、「あなたは間違っています」などと厳しく追及します。担任に対しても、「大人なんだからしっかりしてください」などと言うことがあります。

周りの子は、ときどき彼の態度に我慢できずに文句を言ったり、怒ったりします。ときには泣いてしまう子もいますが、たとえば、ルリコさんが泣いていると「泣き顔がおかしい」などと、タケシさんはケラケラと笑い出すのです。しかも、このクラスには、タケシさんと一緒になって笑う友だちが何人かいるようです。

こんな声かけをしていませんか？

もしあなたがルリコさんの立場だったら、どんな気持ちがする？

もし、先生やお母さんがこんな声かけをしたら、「ぼくは彼女ではありませんから」、「ぼくはそんな失敗は絶対にしません」、「別に平気です」などと答えるかもしれません。

「相手の立場に立って」という言葉はよく使われますが、経験が少なかったり、イメージすることが苦手だったりする子どもにとっては、非常に難しいことなのです。

さらに「よく考えなさい」とか「どうすべきか反省しなさい」と謝罪を要求したなら、タケシさんは「謝ればいいんですね」とその場では大人に合わせるかもしれませんが、なにがいけなかったのか理解していないので、次回も同じような行動をとる可能性が高いと思われます。

ズバっと1

解決のためのアセスメント

基本的な対人スキルをチェックする

相手の気持ちを考えさせる指導の前に、ぜひチェックしていただきたいのが、次の三点です。

①先生や友だちの名前を呼びますか?
②会話のとき、相手の方を向いていますか?
③相手との距離は適切ですか?

場の空気を読むのが苦手な子どもたちの中には、友だちを呼ぶときなどに「ねえ」「ちょっと」とか「あの人」「彼」などとしか言わない子が意外と多くいます。よく聞いてみると、実はクラスメイトの名前をほとんど覚えていないという場合があるのです。とくに記憶力が悪いというわけでもないのに、中学生になってもそんな感じで過ごしていたりします。しかも、話すときは相手の方をあまり見ませんから、相手の反応というものには無頓着です。また、自分が話したい内容によっては、つい熱が入り過ぎてしまって、初対面の人や異性にもかなり接近してしまい、相手を困惑させることもあります。

ズバッと 2
解決のためのアプローチ①
「気持ち」を意識させる

相手の気持ちを読み取るのが苦手な子は、そもそも自分の感情自体を意識できていないことが多くあります。気持ちを表現する言葉が乏しく、また「辛い」「悲しい」など、言葉で感情をくくることが難しいのです。

そういう子には、自分の感情を意識させ、言語化させていくことが重要です。単に「悲しい」「イライラする」などの表現よりも「今はブルーです」「イエローな気分です」などと色を使ったり、五段階で気持ちの強さを表現させたりする方が理解しやすい子もいます。

そうやって自分の感情に気づくことで、次第に他者の気持ちにも意識が向くようになるのです。

ズバっと3 解決のためのアプローチ②

クラスに適度なルールをつくる

タケシさんは「人に認められたい欲求」というのが強いようです。認められたい形にもいろいろありますが、彼には「周りにウケたい」という部分が相当強いです。相手の気持ちに配慮しない彼の発言をやめさせたくても、ウケて笑ってくれる友だち（たとえ嘲笑でも）が数人でもいれば、行動の修正はとても困難です。

そこで、彼に対するアプローチだけでなく、彼に同調する子や、たきつける子を減らすための学級指導が必要になってきます。その一つとして、人の話を聞くためにはどのような点に気をつければよいかをクラスで話し合い、それを「学級のルール」として整理する、という方略があります。たとえば、ある学級では、図1のような標語にまとめて掲示しています。

タケシさんは、ルールを守るまじめタイプなのですから、このやり方は非常に効果的です。

タケシさんは「ルールを守る、きっちりタイプ」

タケシさんには、他者への配慮や柔軟性に欠ける部分は確かにありますが、ルールへのこだわりは「律儀さ」ともとらえることができます。まずそこを認めてあげ、彼の知識を披露する場面を設定したり、役割行動を意識的にお願いしたりすると、先生にとって授業中の心強い味方になってくれることさえあるのです。

●話し合いのルール

一．返事ははっきりしましょう
二．ていねいな言葉を心がけましょう
三．話している人の方を向きましょう
四．話の途中で口を出しません

図１　話し合いのルール（掲示例）

「空気や場の読めない、指導が難しい子」としてではなくて、「ちょっと硬いところがあるけれど、賢い律儀な子」と、タケシさんをとらえて接してみてください。子どもたちは、大人が思う以上に私たちを観察しています。ですから、先生がその子をどうとらえているかが、自然とクラスの子どもたちに染み出していくことをぜひ意識していただきたいのです。

藤野　博先生
（東京学芸大学教育学部教授）

〝空気〟を読む力

タケシさんは、頭の回転が速く、嘘がつけない少年なのでしょう。しかし、周りの人たちの気持ちの動きを理解しそれに合わせて行動すること、流行りの言葉を使うと、〝空気〟を読むことが苦手なようです。〝空気〟を読むことは、知能テストで測れる能力とは異なる「社会的認知」「心の理論」などと呼ばれる認知の力に基づいています。

自閉症スペクトラムの人には心の理論の障害があるとされ、それは「マインド・ブラインドネス」などとも呼ばれています。「心が見えない」という意味です。自閉症スペクトラムとは、自閉症やアスペルガー症候群、特定不能の広汎性発達障害など自閉症的な特徴をもつ発達障害のことをいいます。タケシさんは自閉症スペクトラムの人たちに似た特徴をもっているのかもしれません。

自閉症スペクトラムとは

自閉症スペクトラムの人たちには社会性、コミュニケーション、想像力に課題があり、いろいろな苦労をしています。まず、社会的な場面での状況判断が難しく、どのように振る舞ったらよいかわかりません。周囲の人たちと円滑な人間関係を築いていくことも上手ではありません。

そして、言葉の行間を読むことが難しく、自分の意図を相手にわかりやすく伝えることが苦手です。会話はよくキャッチボールにたとえられますが、相手が投げてきた言葉を受け止め、相手が受け取りやすいように投げ返すこともうまくできません。

また、人の考えや言葉の意味など目に見えない心の内容をイメージしたり、イメージを他の人と共有したりすることが得意ではありません。人から自分がどう思われているかを想像することも不得意です。そのため、よかれと思って他人の欠点や失敗を遠慮なく指摘し、自分の立場を悪くしてしまったりすることがよくあります。心の理論の問題です。

悪意はなく、自分の行為が相手に与える心理的な影響に気づかずにやっていることなので、それをその人が抱える困難として共感的に理解することからスタートしましょう。

“空気”を読むことへのサポート

“空気”を読むこと、すなわち社会的状況や他者の心を理解することが難しい子にはどのようなサポートができるでしょうか？　まず、目に見えない“空気”を見えるようにしてあげるような手助けをすることです。

タケシさんのように、知的だけれども“相手の気持ち”や“自分の立場”などを思い描くことが困難な子に対しては「相手の気持ちを考えなさい」などと〝情〟に訴えるお説教をしてもあまり効果はありません。それよりも〝理〟に訴える説明をした方が効果的なことが多いようです。

正しいと思っていることでもそのまま言うと相手が不快な気持ちになることがあること、相手を不快な気持ちにさせる発言ばかりしているとその人から避けられたり嫌われたりして自分が損をすること、人とうまくやっていくためには思っていても口に出して言わないほうがよい場面があること、など世の中の暗黙の常識を筋道立てて教えるのです。

人の心の中や暗黙の社会的常識などは、絵や文章などを使って文字通り〝見える〟ようにしながら解説するとわかりやすくなります。

マンガを描きながら会話してみる

例えばマンガの手法を使って人の考えや気持ちを見えるようにするやり方があります（図2）。マンガでは雲の形の吹き出しで人物の考えや気持ちを表現しますが、これは〝人の心〟を見えるようにするためにもってこいのやり方です。ああ、あのときにこの人はこう思っていたんだ、と人の気持ちに気づくきっかけにできるからです。マンガを描きながらコミュニケーション場面での自分と相手の気持ちについて話し合うのです。なお、絵が上手に描けなくても、棒人間のような絵で十分です。

毎日の出来事を四コママンガに描いて会話をしていた親子がいましたが、心という見えないボ

図2　マンガで会話する例

ールを見えるようにするだけで会話もまた断然弾んでくる様子でした。マンガは会話のキャッチボールを楽しく続けていくために有効なツールになります。

世の中のことを物語でガイドする

また、世の中のみんなが当たり前に思っている社会的な常識を簡単な物語にして教えるやり方もあります（図3・次頁）。子どもにとって見通しが持ちにくい場面をテーマにし、その状況でたいていの人がしていること、望ましいと思われていること、その子がチャレンジできそうなことなどを短い文章で書き綴るのです。それは場面の空気を読みにくい子と周囲の人たちとを橋渡しするガイドになります。

こうしなさい、ああしなさい、といちい

「友だちが失敗したときには」

人はときどき失敗することがあります。
だれでも失敗はします。
友だちも先生もぼくも失敗することがあります。
頑張ってもうまくいかないことを失敗といいます。
何かをするときには成功したり失敗したりするのです。
何もしなければ失敗もしません。
勇気をもってチャレンジするから失敗するのです。
「失敗は成功の母」という言葉もあります。
失敗を恐れずチャレンジし続けることで成功も生まれる
という意味です。
ぼくが好きなエジソンもたくさんの失敗の中から
偉大な発明をしました。
だから失敗することは悪いことではありません。
友だちが失敗したときには、ぼくは心の中で友だちに「ドンマイ！」
とか「グッド・チャレンジ！」と語りかけようと思います。
ぼくが失敗したときにも友だちがそう思ってくれるとうれしいでしょう。

図３　物語の例

ち口うるさく言われるより、押し付けがましくない表現で穏やかにお役立ち情報として伝えてもらう方が、子どもにとっても大人にとっても気持ちよく事が運びます。

あるお母さんはそのような物語について「言葉って、しつこく何回も言うとだんだん同じ口調で言えないじゃないですか。だんだん荒くなっちゃったり。だんだんやさしく言える人っていないと思うんです。だけど、文字だとそのままやさしいままで何回も読めるから」と語ってくれました。名言ではないでしょうか。

自尊心と自己決定への配慮を

ところで、自閉症スペクトラム傾向のある人たちは他人には平気で辛辣なことを言う反面、自分に向けられた言葉はそれが軽い助言であっても批判として敏感に受け取り、相手に反発心を持ったり心を閉ざしたりすることがよくあります。とても自尊心が傷つきやすいのです。

ですから、不適切な点をズバリ指摘し正しい行動を指示しさえすれば問題が解決するとは限りません。「きみには言われたくない」という気持ちになってしまうようです。「この人の言うことなら聞いてみてもいいな」「どんなふうにすればいいか教えてもらいたいな」と、子どもから耳を傾けたくなるような信頼関係が築けていることがサポートの前提になるでしょう。

そして、「そんなことを言ってはいけません！」でなく「こういう場面では、思っていても口に出さないのがスマートなやり方だよ」などと、さりげなくうまくいくためのコツを教えてあげるような言い方のほうがよく響きます。詰問しているような重苦しい雰囲気にせず、先生が常に心の余裕とユーモアをもって接することがポイントです。大人からの一方的な指示や命令はあまり効果がなく「そうか、なるほど」と自分で納得しないと心が動いてくれません。

タケシさんと似たタイプのカズヤさんは、いつも友だちに手を出し暴言を吐いていました。カズヤさんは科学の知識が豊富で、アインシュタインをとても尊敬していました。例によって友だちに手を出していたあるとき「アインシュタインは平和主義者だったんだよ」と先生が語りかけたことがあります。すると、はっとした表情になって手を出すのを止めました。先生のさり気ない一言がカズヤさんの心に響いたようでした。

力ずくでなく、その子の感じ方や大切にしているものをよく把握し、その子自身の気づきと自己決定を尊重しながら進めた方がうまくいくことが多いようです。

〝空気〟を読まないことのよさを探してみる

〝空気〟を読むのが難しい子たちへのサポートについて考えてきましたが、その一方で、〝空気〟ばかり読むのもいかがなものかとも思います。ときには「王様は裸だ」とはっきり言えることも大事ではないでしょうか。

エジソンやアインシュタインなど、偉大な仕事をした人たちもあまり〝空気〟が読めていなかったそうです。そして、それまで誰も思いつかなかった世間の常識を超えた発明や発見を成し遂げたのです。〝空気〟を読まないことのポジティブな側面を探し、そういう視点から子どもを見ると、今まで気づかなかったその子の魅力を発見できることもあるでしょう。真の共感的な理解は、そんなところから始まるのかもしれません。

「ズバッと」カード▼ No.10

見えにくい場の〝空気〟を「見えやすくする」ための指導を工夫しましょう。

教えて達人！

より深く学びたい人のために

「心の理論」

●「心の理論」とは

問題です。ナツミさんはボールを箱の中にしまって部屋から出て行きました。ツカサさんが部屋に入ってきて箱の中のボールを出し、バッグに入れ替えてしまいました。ナツミさんが部屋に戻ってきました。またボールで遊ぼうと思ったナツミさんはどこを探すでしょうか？

答えはもちろん箱です。実際にあるのはバッグの中ですが、正解は箱の中。自分が知っていることではなく、この人ならどう考えるだろうと、相手の視点に立つことができないとこの問題に正しく答えることはできません。読者の皆さんの多くは深く考えずに「箱」と答えられたことでしょう。そのように相手の考えや気持ちについて直観的に理解できる力のことを「心の理論」と言います。他人は自分とは違った知識や考えを持っているかもしれないと想像できることは、人と折り合いうまくやっていくためにとても大切な力なのです。

アインシュタインを尊敬する科学が大好きなカズヤさんは、小学校低学年なのに難しい元素記号をたくさん知っています。ときどき先生に自分が作った科学のクイズを出してくれるのですが、その中にこんな問題がありました。「ぼくが一番最初に習った元素記号は何でしょう?」この問題に答えられるのはカズヤさんだけでしょう。先ほどのボールの問題でも、カズヤさんは「バッグ」と答えていました。カズヤさんには心の理論に課題がありそうです。

子どもたちの心の理論についてはこれまでにたくさんの研究がなされ、心の理論を調べるための様々なテスト課題が作られてきました。世界でよく使われている代表的な心の理論課題を集め、これを日本の子どもになじみやすいようアレンジし、コンピュータで楽しくチャレンジできるようにした『アニメーション版・心の理論課題』(DIK教育出版)というソフトウェアがあります。心の理論についてもう少し知りたい方は、ぜひお試しになってください。

(藤野)

［参考文献］

藤野博著・小池敏英監修『アニメーション版・心の理論課題 ver.2』DIK教育出版、二〇〇五年

COLUMN：ちょいトレ **10**

子どもや保護者に寄り添える支援者を目指して

テーマを掘り起こし過ぎない

カウンセリングや心理学にあこがれている人の中には，クライアントの心をのぞくことばかりに熱心だったり，秘密をすべて打ちあけて欲しいと思ったり，また自分だけがその秘密を共有できる特別な存在でありたい，と考えたりする人もいます。また，この仕事についたばかりのころは，「過去」や「原因」を探ろうとして，クライアントにとって辛いことをついほじくり過ぎてしまう場合もあるでしょう。

むやみに難しいテーマを掘り起こしてしまうと，クライアントが面接時間内に，心の「引き出し」を整理できなくなるのです。すると，その人は，山積みの課題という「混沌」の中に置き去りにされてしまいます。

ですから，テーマを深める場合には，「①クライアントと共に向き合う準備ができているか？」，「②面接の時間内に整理が可能か？」の二点をはかることが必要です。そしてもし，それらが難しい場合には，ひとまず側に置いておくことも，併せて考えていくべきでしょう。

相談に携わる者として，あえて「触れない」勇気をもちたいものです。

No.11 ケースファイル

片づけられない子

片づけられない達人（？）登場

さて、学校を巡回相談で訪れますと、机の中も上も周辺も、さらにはロッカーまでもが大混乱、というお子さんをよく見かけます。担任の先生に「何とかなりませんかねえ」と相談をお受けすると、こんなとき「片づけの達人」がやってきて指導してくれないかなあ、と思うものです。よくテレビや雑誌でも多くの「片づけの達人」が登場し、いろいろな方法や裏技、身近なツールを伝授して、私たちを助けてくれたり、ときに感動させてくれたりしますね。

しかし、本ケースではあえて「片づけられない達人」にも、登場してもらおうと思います。なぜなら、「多くの人にできることがどうしても上手にできない辛さ」をわかってもらうためには、自らがそんな経験をしてきた人に語ってもらう必要があると考えたからです。

その後に、今度は第二の達人が、ズバッと支援のポイントを示してくれていますので、どうぞ支援される側、する側の立場で本ケースを考えてみてください。

ケースファイル No.11

片づけが苦手なシンジさんの場合

シンジさんは、今年で中学一年生になりました。彼は小学生のころから毎年、「字をきれいに書く」、「忘れ物をしない」ことを一年間の目標に掲げてきました。

シンジさんが忘れ物をしてしまう理由の一つは、整理整頓が苦手なことにあります。教室の彼の机の中はまるでゴミ箱です。プリントがくしゃくしゃで奥に押しやられていたり、鉛筆や消しゴムがバラバラに入っていたりします。手当たりしだいに机にしまいこむため、持ち帰らなければならないプリントなども置きっ放しのことがあります。ただ、低学年のころは、机にしようとすらしなかったので、その点ではかなり成長しているといえるかもしれません。

家庭での様子をうかがうと、教科書やノート、マンガ本などが床の上に散乱していて、整理するようしつこく言うと、全部一緒くたに本棚に突っ込み、入りきらない場合は平積みにするそうです。最近は、「めんどくせぇなぁ」と文句を言うことも増えてきたそうです。

片づけは、疲れる

シンジさんには、片づけは面倒臭いことのようです。片づけるためにはまず、①「大切なものはどれで、捨てていいものはどれかな?」、②「これ、どこにしまおうか?」、③「形をそろえて、角が折れないように丁寧にしまわないと……」などと、あれこれ悩み、疲れます。また、中学生になり、そろそろ思春期に差しかかる年齢です。先生や親から同じことをしつこく注意されると、少し抵抗を感じてしまうのでしょう。ただでさえ、片づけはエネルギーをとても必要とする仕事です。気持ちが乗りにくい上に注意ばかりされていれば、「めんどくせぇなぁ」と文句の一つも言いたくなる気持ちもわかります。

しかし周りの大人は、何度言っても片づけができず、忘れ物を繰り返すシンジさんの姿を見ています。何も言わなくても片づけてくれるのであれば、注意をすることもありません。放っておくと大変なことになると予想できるので、やむを得ず注意をしているのです。

こんな声かけをしていませんか?

ちゃんと片づけなさい

片づけが苦手な子は、〈ちゃんと片づいた状態〉とはどんな状態なのか、そして〈ちゃんと片づいた状態〉にするためにはどうすればいいのか、といったことがイメージしにくいようです。

また、本人なりに片づけが終わって、「ほっと」しているのに、片づけが得意な人からは、まったく片づいていないとみなされる、といったこともあります。これは、〈ちゃんと片づいた状態〉のイメージがズレているために起こります。

このため、左の図のような悪循環に陥りやすくなります（図1）。

また、片づけは、日常生活の中で当たり前のように行うことです。片づけられていて当然、なので、自分のがんばりが高く評価されることはあまりありません。片づけの苦手な人にとっては、できないと注意されるけれども、できてもほめられない、といった報われない作業になりがちで、負担に感じてしまうのです。

「ちゃんと片づけなさい」と注意する。
①
（本人なりに）片づける。
②
片づいているように見えない。
③
「まだ片づいてないじゃないの」と注意する。
④
②に戻る。
図1

ズバっと1 解決のためのアプローチ①

片づけやすい環境設定

どこに、何をしまえばよいか、といった出来上がりの状態がわかると、片づけも簡単になります。つまり、〈ちゃんと片づいた状態〉が具体的にイメージしやすくなることがポイントです。本棚にはラベルを貼って、教科書やノート、マンガ本を置く位置を決める、中身の見えるケースに収納するなど視覚的な工夫をするとよいでしょう。教室の机の中の道具箱には、道具実物大の型紙を貼って定位置を示す、教科書とノートは教科ごとに色分けしたラベルをつける、週に一度先生と一緒に数分の片づけの時間を持つ、などの方法もあります。

ただ、こういった方法は小学校では取り入れることができますが、中学校では少し注意が必要です。周りと違うことを一人だけやらなければならない、といった状態は、本人のプライドをとても傷つけてしまいます。中学校での援助として、美術のタニ先生は、クラス全員のロッカーに①仕切りや棚をつける、②カーテンをつける、といった配慮をしてくれました。中学校のロッカーは広いのですが、片づけが苦手な子の場合、区切ってあげた方が整理しやすいようです。また、彼らのプライドにも配慮して、カーテンを用意してくれました。

片づけやすくすることだけではなく、習慣的に片づけができるようにすることも大切です。学校では、クラス全員が一斉に机の中や周囲の整理整頓をする時間を設けるとよいでしょう。小学校では整理の時間を帰りの会にすることが多いようですが、皆早く帰りたくて焦ってしまうので、帰りの会とは別の時間に設定することをおすすめします。もちろん、片づけ上手なクラスメイトのいいモデルが周りにたくさんいるほど、片づけに取りかかりやすくなります。

ズバっと2
解決のためのアプローチ②

片づくと、気持ちいい

ただやらされているだけ、といった状態では、片づける習慣はなかなか身につきません。習慣化するためには、片づけができると何かいいことがある、という経験をたくさん重ねることが必要になります。

何かいいこと、といってもそれほど難しいことではありません。「がんばったな」、「きれいになったじゃん」といった大人やクラスメイトからの声かけもいいですね。「片づくと気持ちいいね」、「気分がすっきりするね」と声をかけ、片づいた気持ちよさを実感させてもよいでしょう。「これで忘れ物が少なくなるよ」、「すぐに物が見つかるから楽だよね」と、片づけのメリットを伝えることも一つの方法です。

中村智成先生（東京都町田市子ども生活部子ども発達支援課相談係臨床心理士）

「片づけられない達人」の手記

私が片づけを始めると、不思議なことに、まず散らかってしまいます。「ひとまずその辺に置いとく」ことが日常のスタイルなので、山積みになっているものの分類から始めます。一かたまりだったものを分類しやすくするために拡げるので、結果的に散らかるのです。

山の中から何が飛び出してくるかはわかりません。量が多いときは、〈必要なもの〉と〈捨ててよいもの〉に分けるところからスタートです。その後で、〈必要なもの〉をしまいやすいようにいくつかに分類します。

ところが困ったことに、どの分類に入れたらいいのかわからないものが発掘されます。ここまでの時点でかなりの労力を費やしているので、心が折れてしまうこともよくあります。その場合、片づけ始めたのに、どういうわけか散らかってしまう、といった結果になります。惨敗です。

とはいえ、毎回心が折れるわけではありません。気をとり直し、もう一度分類し直します。ですが、再び分類に迷うものが出てきます。さすがに一からやり直す気力はないので、〈分類保留組〉が出来上がります。

分類が終われば後は簡単、「しまうだけ」です。ですが、またまた問題が生じます。どこにしまえばいいかがわからないものがあるのです。たとえば、本棚がいっぱいでこれ以上入りきらない、前回の片づけのときと分類の仕方が違うためにしまうことができない、そもそもしまう場所すらない、といったことが起きます。

また〈分類保留組〉については、分類自体ができていないので所在がありません。仕方がないので、これらのしまいきれないものは一箇所にまとめて置いておきます。ふと見回すと、部屋の隅に追いやられていて気づかなかったものがあります。すでに限界に近いので、これも山の上に載せます。

さて、片づけが終わりました。以前よりも、山がかなり小さくなっています。「片づいた」という達成感でいっぱいです。ところが、片づいた状態を他の人に見てもらうと、「汚い」の一言で一蹴されます。「よし、がんばった」という気持ちはあっという間に萎えてしまいます。

ここまでに至る途中では、休憩を入れたり、ふと新聞を読んでしまったり、仕事のことが気になって急遽机に向かったり、また思い出したかのように片づけを始めたりと、あちらこちらを行ったり来たりしています。片づけだけをやり続けることも難しいのです。片づけの途中で見落としが出てしまうのも、いろんなところに注意が向いてしまうために起こります。

片づけができる人から見ると、「何をどこにしまうか決めておけば簡単だろ?」と思うかもしれません。「使い終わったら、すぐに元の場所にしまえば済むことでしょ」といったご指摘ももっとしもです。でも、それができないからこそ、「片づけられない達人」なのです。

さて、「こんなに苦労しながら片づけているんだけどなぁ」といった気持ちを、少しでもわかっていただけたでしょうか？

「できない？」それとも「やらない？」

「片づけられない子」と一くくりにしてしまうと、ただのやる気のないダメな子どもになってしまいます。それでは、支援のしようがありませんね。

そこで私は、「片づけられない子」を次の三つの段階に分けて考えるようにしています。

(a)わからなくてできない
(b)わかっているけどできない
(c)わかっていてやらない

(a)の段階は、片づけ方がわからない状態です。この段階の子どもは、〈どこに〉、〈何を〉、〈どのように〉しまえばよいかわかっていません。不思議なことに、何回教えてもなかなか覚えてくれません。このため、何度言っても片づけようとしないダメな子と見られがちです。
この段階の子どものいいところは、「わかればできる」というところです。空間認知やプランニングが苦手でも、それを補う手がかりさえあれば、片づけもできるようになります。中には手がかりがあっても、それに一人では気づけない子どももいます。その場合も、周りの大人が手がかりに気づかせてあげさえすれば問題ありません。

(b)の段階は、スキルが未熟で片づいているようには見えない状態です。「片づけるかどうか」ではなく、「仕上がりの状態」が問題になります。一般的に、〈大きさや形〉、〈種類〉、〈配置〉が揃っていると、片づいているように見えます。ところが、空間認知やプランニングの苦手さに加えて、目と手の協応動作も苦手だと、〈揃える〉ということが難しくなります。本人は片づけたつもりでも、周りから見ると片づけていないように見えます。このため、何度言っても真面目に片づけようとしないダメな子と見られやすくなります。

この段階の子どものいいところは、「本人なりに一生懸命がんばる」というところです。どんなに苦手なことであっても、練習すれば技は磨かれます。ただし、人並み以上の努力が必要です。どんなにがんばっても、他の人よりは上手くなれないかもしれませんが、本人のできるレベルに合わせて教え励ますことができると、苦手は苦手なりに上達していきます。

最後の(c)の段階ですが、すでに二次的な問題が生じてしまっている状態です。「どうせオレなんて」とすぐにあきらめるか、「うるせぇなぁ」と反抗するようになってしまっています。この段階にいる子どもの大半は、かつて(a)や(b)の段階を経験しています。そこで報われない経験を積み重ねてしまったために、二次的な問題にまで発展してしまったのです。

「片づけられない子」は、勉強や運動はそれなりにでき、友だちとも仲よく遊べるかもしれません。でも、片づけはてんでダメなのです。他のことはできるのに片づけだけできないと、「できない」ではなくて「やらない」と評価されてしまいます。この評価の違いは大きなものです。やらせようとしてもできないものはできないので、報われない経験を積み重ねることになります。そうすると、いつの間にかⓒの段階に移ってしまいます。

困ったことに、「わかっている」か「わかっていない」かということは、判別が難しい問題です。しかし、その判断を間違うと大変な問題につながります。そこで、判断の誤りが大きな問題につながらないようにするために、次のように考えるとよいでしょう。

- **基本的にⓐ→ⓑ→ⓒの順に移っていく**
- **ⓒの状態でも、根底にⓐやⓑの状態がある**
- **判断に迷ったときは、ⓐやⓑの状態にあると考える**

シンジさんの場合

シンジさんは、片づけなさいと言われると「めんどくせぇなぁ」と文句を言っていましたね。それは、彼には片づけが少し苦手な作業だからです。おそらく大人になっても、片づけはそれほど上手にはならないでしょう。

ですが、変化も見られるはずです。これから思春期を突き進む中で、自分の苦手なことを自覚したり、「どんな工夫があれば乗り越えられるか」といったことに気づいたり、「人からどう見られるか」といったことを気にしたりするようになるでしょう。大切な書類がどこかに紛れ込んでしまって、痛い目に遭うこともあるかもしれません。そういった経験を通して、片づけることの大切さに気づくようになると思います。

周りの大人にできることは、シンジさんが片づけの大切さに気づいたときに役に立つような、〈片づけのコツ〉を教えてあげることです。「解決のためのアプローチ」に書いてあるようなことを、シンジさん自身が使えるようになるといいだろうな、と思います。

さて、ここからは、私からのお願いです。そういった方法を教えてあげるときに、片づけられない達人の大変さに、もっと寄り添っていただけないでしょうか。そうすれば、教わる方も片づけが嫌いにならずに、気持ちよく聞いてくれるのではないかと思うのです。

「ズバッと」カード▼ No.11 >>1

片づけられない者の魂の叫びを聞け！

第二の達人登場！

黒川君江先生

（全国コーディネーター研究会副会長・NPO法人発達障害支援ネットYELL理事長）

私は、「発達障害」を対象とした通級担任をしています。週に数時間という限られた指導時間の中で、しっかりとした効果を出すことを求められています。ですから、目の前の子の現在・将来の社会生活が円滑に行くためには、何をねらいにしていくのがよいのか、絞って、絞っていくようにしています。枝葉をできる限りそぎ落としていくことで、幹となる指導を思い描くのです。

「片づけられない」って、そう簡単に修正できること？
――小さなポカに済ませられるといいですよね

「片づけられない達人」が登場していますが、片づけられないって、割と強い「個性」です。そうは簡単に自分を変えられるものではありません（それが、発達的な課題によるのであれば、なおさらです）。

でも、片づけが苦手な人は世の中にたくさんいます。なんとか生き抜いていますよね。なぜでしょう？　世の中の枠を、大きくはみ出さないできたからではないでしょうか。小さな（中くらいの？）失敗は数多くあったと思うのです。そして、「これだけは、なくさないように」「あれだけは、ここに」って、やってきたんだと感じます。

指導する側から考えてみると、この『優先順位』がつけられる力って大切だなって思います。まずは、整理はされていなくても、ぐちゃぐちゃでも、人きなポカが避けられるといいですね。だから、子どもたちに、たくさんを求め過ぎないことです。そして、「これだけは」「こちらから」って考えるスタイルを身につけていけるといいですね。

時間をおくと、手がつけられなくなる！
——山積みになる前に、混乱のるつぼになる先に

人って、嫌なこと、できないことは、先に延ばしたいです。誰でも同じ思いです。ですが、「片づけ」は、先に延ばせば、延ばすほど難しくなります。床に散らばる、引き出しの中も一杯。困った、困った、見たくもなくなります。時間がたつと、自分が苦しくなりますし、社会的な困難さが増してきます。とても高い要求に見えますが、『こまめ』は、やはり、身につけたい力です。

指導をイメージしてみてください。支援者もこまめに（うるさくではなく）声をかけることを心がけます。休み時間になる前に、机の物をとにかく引き出しにしまう、下校の時は、一呼吸置いて、振り返ってみる。その子だけではなく、学級の習慣・ルールになるといいですよね。
でも、ここでねらうのは、失敗感を軽減することだけではありません。なによりも、〝時間への意識〟を深めていくことです。そう考えると言葉かけも、注意ではなく、気づきや見通しを促

すものになるはずです。「○○が終わったら、何をするんだっけ？　うん、そうだね」と、いうようにです。時間割に、片づけタイムを色を替えて示していくというようにです。

大目に見てもらう、手助けしてもらう
――人はみんな、助けてもらって生きていくんです

苦手なことは、努力はしたにせよ、苦手なことには変わりはありません。「しょうがないな」と苦笑されながらも、助けてもらって過ごしていけるといいですね。不得意を何とかすることと同時に、周りの人に上手くサポートしてもらえるようにしていくことも大切です。大目に見てもらったり、手助けしてもらったりするには、『人間関係づくり』の力が大切になります。

周りの人には、迷惑をかけたり、心配させたりしがちです。「ありがとう」「助かったよ！」「わるかったわ」「ごめんなさい」など、人間関係を円滑にする言葉や態度が身につくようにします。失敗が続いたり、叱られたりが続くと、どうしても、防衛的本能でとがった言葉や態度が出がちです。片づけとは直接繋がらないようでも、とても大事な指導ではないかと感じています。助けられることもある代わりに、自分のできることは進んでやると、〝助け合い〟になります。そんなふうにすると、いい結果が出ることも、体験させたいですね。

元気になろう、やる気をおこそう
——小さなことで、キーワードで、自分にもご褒美を

片づかないと、自分も周りもイライラしてきます。片づかないことも困るけれど、この焦燥感や気持ちの荒れはもっと困ります。小さな成功感「まあ、やったよ」と思えることって、意外に元気が出ます。初めから、目標をうんと低くしましょう。「○○くん、今日はこれ一つでいいよ」と、小さな目標で積み上げるように、声かけをしてくださいね。本人自身も、そんな気持ちで取り組むようにしていけると、とっても張り合いが出てきます。

自分を『元気にする』力は、末永く、〝片づけ苦手〟に付き合うために必要です。気の散りやすさも考慮すると、たくさんのことをしようとしたり、整理の時間を延ばしたりしても、あまりよいことがありませんものね。

昔の人は、「汚くたって、死にはしないさ」と言いました。忙しいときのなぐさめだったかもしれません。言い訳はいけませんが、自分を鼓舞するキーワード、ねらいを端的に繰り返す言葉は必要です。その子の気持ちにピッタリする言葉を、じっと心の中を見つめて考えてあげてください。

最後に、私も、片づけは嫌いですとも。

「ズバッと」カード▼No. 11 >>2

大きなポカがなければいいい！　周りの助けをうまく借りてしのいでいくスキルを身につけましょう。

COLUMN：ちょいトレ 11

子どもや保護者に寄り添える支援者を目指して

即答しない勇気をもつ

いろいろな相談を受けていると、すぐにはどのようにお答えしたらよいかわからないような問いかけをされる、という場面があります。ここで「専門家なのだから……」と、その場で必死に知恵を絞り、「こんな答えでいいんだろうか」と悩みながらも、「まあいいか」「えいっ！」と自分でも半信半疑で回答してしまう、そんな失礼なことをしてしまった経験が、未熟な私にはあります。

しかし、最近では、「とても大切な質問ですね。でも、申し訳ありませんが、私は、今すぐにはお答えすることができません。できたら次にお会いするときまでに、じっくり考えておきますから、お時間をいただけないでしょうか？」とお願いするようにしています。あるいは、「それでは、このテーマについては次回までの宿題ということにして、お互いに考えてきませんか？」と提案することもあります。

難しいテーマであればあるほど、相談の重要なキーポイントになる可能性がありますから、焦らず、ごまかさずに向き合いましょう。

No.12 ケースファイル

「影」でコントロールする子

問題行動が気になる子の「影」に

問題行動を示す児童・生徒がいる場合は、その子に対しての指導やカウンセリング、トレーニングなどの支援が行われます。しかし、せっかくその子自身が自分をコントロールしようと努力できるようになったのに、先生の目の届かないところで巧妙に、その子の嫌がることをしたり、気に障ることを言ったり、物を隠したりして、わざとその子をパニックにおとしいれて楽しんでいる子がいたとしたら、皆さんはどう考えますか?

ケースファイル No.12

児童の人間関係で悩むモモウラ先生の場合

今年異動してきたモモウラ先生は、初年度から小学六年のクラス担任になりました。そのクラスには、気持ちの切り替えが苦手で、たびたびパニックになるリョウタロウさんがいます。リョウタロウさんにはあまり友だちがいないようですが、ユウトさんが積極的に声をかけ、面倒を見てくれているようでした。

ユウトさんは勉強ができて、活発で、スポーツも万能な子です。彼は、クラスの男子が数名在籍している、地域のサッカーチームでも活躍しているそうです。モモウラ先生は、リョウタロウさんの個別支援の時間をたびたび作っているため、クラスの残り三二名の子どもたちと関わる時間が少なくなっています。そんな中でユウトさんの存在を心強く思い、頼りにしていました。

ところが、スクールカウンセラーから「先生がいないところで、ユウトさんを中心とした男子数名がリョウタロウさんをからかっているようです」と報告がありました。その上、女子からは「ユウトさんは、リョウタロウさんをわざと興奮させ、それを面白がっている」と耳にして、先生は大変ショックを受けてしまいました。

こんな声かけをしていませんか？

リョウタロウさんのこと、わかってあげてね

パニックになりそうな子をわざと刺激するタイプの子どもたちに共通しているのは、「先生はあいつばっかり」「ひいきだ」と思っている点です。自分にも関心を持ってほしい、関わってほしいという願いが伝わらなかった、その蓄積が「わざと刺激する」「『影』でコントロールする」といった行動に現れているのです。

ですから、「わかってあげて」とか「彼の努力を応援してね」という先生からの言葉に、ユウトさんは「結局、先生はリョウタロウの話ばっかり」「オレが我慢するのかよ」とさらに反抗心を燃やし、「わかったよ先生、オレ、リョウタロウに優しくするよ！」と宣言しつつ、より巧妙に「影」でいじめを行うようになるでしょう。

実はユウトさん自身が、何らかの悩みやつらさを抱えている可能性があるので、リョウタロウさんについての話以外の、関わりを持つ必要があると考えられます。

ズバッと 1 解決のためのヒント

「影」でコントロールする子にも「支援」が必要

「影」でコントロールしようとするタイプの子は、人間関係に対してアンテナが非常に高い子が多いようです。クラスメイトの人間関係にも敏感で、女子グループ同士の関係や、先輩などの情報をたくさんもっています。先生との信頼関係ができると、ちょこちょことそういう情報を教えてくれることがあり、先生としても学級経営上貴重な情報をもらえて助かることがあります。

しかしながら、なかなか自分自身のことを語ろうとしません。大人はよく「正直に話してごらん」と言いますが、正直に話したら怒られた、とか、秘密にしておいてほしいことを言ったら裏切られた、という経験が蓄積し、「もうだまされないぞ」という気持ちが強まった子どもたちなのです。

また、今までなんとなくリョウタロウさんを助けてきたけれども、それを周りが当然のように見るようになって、あるとき「どうして自分がこんなことしなきゃいけないんだ」と気づき、憤りすら感じるようになり、いつしか「影」でコントロールする子に変貌してしまう子もいます。

自分ががんばってきたことや苦労してきたことを本当は大人に知ってほしい、大事にしてほしい、という思いが人一倍強いのに、「どうせオレ（私）なんか」と心を閉ざし、自分の周りを操作することに楽しみを見出している、ユウトさん自身も支援を必要とした子どもであるのです。

ズバッと2 解決のためのアプローチ①

サプライズで心を動かす

学校の中だけでユウトさんとの信頼関係を作ろうと工夫しても、おそらく彼に迫ることはできないでしょう。ぜひサッカーで活躍しているユウトさんのもとを訪れましょう。ユウトさんも「あれ！」「おや」と思うはずです。ただ、彼のようなタイプの子は人間関係に感覚が研ぎ澄まされていますので、彼の気持ちを変えようという目的だけで動くと、「見透かされて」しまいます。まずは、学校で見るユウトさんとは違った面を味わう、それが支援者として大切なことだと思います。

「影」でコントロールする子は、大人の身勝手さや不義理の中でふりまわされてきた子です。彼らは大人を信用しないことで自分を守っています。ですから、私たちは、丁寧に目をかけて、心をかけて、手をかけていくことでしか、彼らの閉じた心を開くことはできないのです。

もちろん、学外でアプローチすることを先生方に強制するつもりはありません。しかし、「やる」と決めたら「モモウラ先生はマジでオレを気にしてくれてんだ」と伝わるまで、徹底して体を張るスピリットが大切ではないでしょうか。このようなケースでは、中途半端に関わるなら、むしろその子の心に踏み込まないことです。

ズバッと3 解決のためのアプローチ②

「影」から表舞台にうつして活躍させる

もし先生がユウトさんの心に近づけたなら、彼に積極的に役割行動をとってもらい、学校中の先生から「助かる」「さすがユウトだ」「ありがとうね」と声をかけてもらえるようにしましょう。ただその役割の中で「リョウタロウさんのお世話係」だけは避けなくてはなりません。体育のお手本になってもらったり、学年行事の代表になってもらったりして、「影」の子にスポットライトを当ててあげましょう。先生やクラスメイトの注目関心が自分の方にも向いていると感じ、毎日がはりあいのあるものになれば、結果的にリョウタロウさんへのネガティブな関心は薄れていくに違いありません。

角張憲正先生（市井の心理療法家）

「裏ボスキャラ」と化したユウトさん

コンピューターゲームにおいて、隠された難関であるボスキャラクターを「裏ボス」と呼びます。そんな風に、集団の中で表立って親分の地位につくことを避け、「『影』の司令塔」的存在でいることに喜びを感じる心理を、三つほどあげてみましょう。

①やきもち

ノーマライゼーションの流れの中で、先生やクラスメイトの注目関心が支援の必要な子に向かったとき、それまでプリンス（よい子）の地位にいたユウトさんのやきもちが働きます。その失地回復のために、リョウタロウさん（いじめられっ子）を的とした、新しいヒエラルキーを創るための「統率力」が発揮されるのです。

②興奮と快感

付和雷同型の他の子どもたちを弱い者いじめに参加させることで、お祭りを「影」で差配する興奮と快感を得ようとします。

③反抗

自分がリーダーになることをイメージすると、「他者の評判」が気になったり、「照れ」が生じたりする、また責任回避の意図も働いて、「長いものに巻かれる」子たちを「影」から先導して自らの反抗の手段に使うのです。ユウトさんは、世俗的価値、学校の権威主義、教師の偽善などに立ち向かう感性をもっています。しかし反抗される側（先生）は気がついていません。

大丈夫、「な～んも心配ない！」んだよ

前思春期（十歳前後）から、集団の中で自己の立ち位置が見つからなくなり彷徨し、学校教育の意味に疑念が生じ、世俗的価値も否定し、自分は社会規範の奴隷になりたくないと思ったとき、その子はどんな行動をとると思いますか？

虚無感によって、何のために生きるのかという答えを見つけられない状態、それが今のユウトさんなのです。さあ先生！　ユウトさんを勇気づけてあげてください。「世の中（現実社会）に価値が見いだせないとしても、自分の生きる意味を探し続けようよ！」「アウトサイダーの道を、今選ぶ必要はないじゃないか！」と……。

モモウラ先生がやってはいけない最低限のこと

①主導権争いに巻き込まれない

学級運営は、担任の責任により行われるものです。しかし、担任と子どもたち相互の尊敬と信頼関係が薄い場合、皆から一目置かれている子が集団をコントロールしてみせます。これは学級運営に対するチャレンジです。そして、この主導権争いに負けたと感じると、先生に腹いせをするようになります。

②裁判ごっこに巻き込まれない

リョウタロウさんを被害者、ユウトさんを実行犯ではない首謀者として扱い、いじめの原因追究や反省、洞察を求める働きかけ、あるいは他児と比較してマイナスを突きつけるような行為は、問題の解決から遠くなってしまいます。

③親を巻き込まない

学校内で起きた問題行動は学校内での問題であり、親には責任がありませんから、親を呼び出して家庭で指導させたりしないでください。

モモウラ先生がやるべきこと

①信頼を勝ち取る

先生はユウトさんと真剣に関わりを持ち、語り、認めてあげ、先生が彼を大切に思っていることを伝えていきましょう。信頼関係を築き、先生がユウトさんにとって大切な存在になれるよう努力するのです。

②学校で学ぶことの意味や喜びを教える

ユウトさんにとってつまらない毎日の学校生活が、もっと輝いたものになるよう演出しましょう。勉強はもともとできるユウトさんですから、学習活動以外の工夫も必要です。「影」で友だちをいじめるよりも、もっと価値ある喜びを見い出せるような活動を提供するのです。それは、何か得意なことをして認められたときの満足感であったり、誰かの役に立てたときの充実感であったり、クラス皆で協力して何かを成し遂げたときの感動であったりするでしょう。そんな試みをしているうちにクラス全体の雰囲気がよくなり、いじめが起こりにくい環境がつくられます。

ユウトさんを活動のグループリーダーに指名するのもよいでしょう。最初は嫌がるかもしれませんが、先生の励ましや応援によって、持ち前の統率力を発揮できたなら、「裏」のリーダーより「表」のリーダーでいる方がずっと居心地がよいことに気づいてくれることでしょう。

いじめは、心理的優位を得たい欲求の一つの行為です。子どもたちは、実はさまざまな自分の立ち位置を気にしています。交友関係の数、器用さ、趣味の多さなど、子どもの自己評価を先生は知っておくとよいでしょう。

先生は、社会も人間も完全ではないこと、そしてその不完全の中で生きるための知恵を、授業を通して毎日伝えていきましょう。なかでも、他人に迷惑をかけない、たとえ他人が見ていなくても人を傷つけない、それだけは〝自分のプライド〟とすべきこと、またそれには苦痛を伴うのだということを伝えてください。そんな積み重ねから、先生と子どもの信頼関係は築かれます。

先生の正義を押し通すことや、「みんないい子」の薄っぺらい人間関係の奨励を捨て、新たな関係を創造しようとすることは、先生にとって勇気のいることですが、くじけないでください。
ユウトさんが虚無から脱却し、苦しみながらも「表」のリーダーをかって出て、傷つけた子たちと共に喜びを共有できる学級活動を、読者は演出できると信じてやみません。

「ズバッと」カード No.12

真の「正義」には苦痛が伴うが、それを行うことこそが、人としての「プライド」である。

［参考文献・資料］

Rudolf Dreikurs. Bernice Bronia Grunwald. Floy C. Pepper. 1998 Maintaing Sanity In The Classroom. Taylor & Francis
野田俊作・萩昌子『クラスはよみがえる』創元社、一九八九年
ドン・ピアーズ原作、スチュアート・ローゼンバーグ監督、ポール・ニューマン主演『暴力脱獄』（アメリカ映画）一九六七年
高橋史朗『感性を活かすホリスティック教育』広池学園出版部、一九九六年
高尾利数他編『喜びはいじめを超える』春秋社、一九九六年

教えて達人！

より深く学びたい人のために

「支援者としての心得（その2）」

●個別の支援計画を導入する際の留意点

クラスに支援が必要な子どもがいるとき、その子の個別の支援計画を立て遂行すれば必ずうまくいく、とは限りません。「個別の支援計画」の名目は「子どもの支援」ですが、現実的には「教師を援助する」側面もなければ機能しません。その点を考慮していない専門家による個別の支援計画を遂行しようとすると、かえって担任の先生や学校の負担が増えることになります。

ですから、まず学校全体を見回して、教員のコミュニケーションや協力体制を把握した上で実施を検討せねばなりません。特別支援教育コーディネーターや養護教諭、スクールカウンセラーらの情報交換ができていない学校では、担任支援は不可能だと言ってもよいでしょう。ましてや、研修の形式や特別支援教育の体裁を整えることを目的に個別の支援計画を立てることなど意味がありません。教師が忙しく疲れたと悲鳴をあげているのに、「支援システム」を遂行しようと無理している学校が残念ですが散見されます。一方、一人の生徒をめぐって他の先生たちが情報や意見を活発に交換できる環境の学校は、生徒との信頼関係も築かれています。

これらの点を踏まえた上で、計画、実施していただきたいと思います。

●子どもたちそれぞれの居場所がある学校をめざして

教師から「きっちり、しっかり、ちゃんとしなさい」といつもたしなめられている子どもは、暗示にかかったように自分を「ダメな子」だと認識してしまいます。これを「自己否定感」といいます。支援を担う者は、皆で協力して子どもの自己肯定感の回復に努めなくてはなりません。毎日の学校生活の中で、自己肯定感を獲得させ、自分も相手もレスペクトできるように導くことができたなら、子どもたちの未来は可能性に満ちた明るいものとなるはずです。そのために学校は、学力の優劣、発達障害の有無にかかわらず、すべての子どもの存在位置が確保された場所であらねばなりません。

先生方には、子どもの学力以外の部分、子どもの好奇心や関心に注目するとともに、離合集散を前提にした友人関係やヒエラルキーにも関心をはらっていただきたいと思います。

たとえば小学校低学年では「せんせい、あのね」の個人的関係を大事にします。その子の作品を見ながら子どもの想像や自分のありたいイメージなどを話しながら関係を築ける先生は素晴らしいです。この「信頼関係づくり」は何をほめ何を叱るか、スキル以前の大前提となります。なぜなら、信頼関係がないのにほめても、子どもをいい気分にさせることは決してできないからです。

子どもが先生から大切にされていると共感していれば、苦しい人生においてトラブルが起きたとしても民主的解決ができるものです。そういう事例を筆者は数多く知っています。

さて、近頃若者に人気のお笑いタレントたちを見ていて思うことがあります。彼らに共通するのは「馬鹿を演じている」ところです。子どもたちがそこに共感し、困難の逃げ道として馬鹿を演じるという処世術を学んでいるとしたら、この子たちの五十代六十代の在り様はいったいどうなってしまうのかと危惧しています。

「今の自分」で考え判断することを教わることもなく、思春期もなんとなく過ごしてきてしまった子どもたちは、もはや自分が無能無力であるかのごとく振る舞う、つまり、馬鹿のふりをして生きていくしか道がないのでしょうか。そんな生き方は卑怯であり、教育からは最も遠い人間観ではないかと考えます。教育現場に身を置く支援者たちは、子どもたちを取り巻く環境とその未来に想像力を働かせ、将来への絶望ではなく光を見せてやるために汗と涙を流さねばならない、そう思うのです。

（角張）

〔参考文献〕

星　一郎『困った大人にしない子育て20の知恵』金子書房、二〇〇一年
石坂　啓『学校に行かなければ死なずにすんだ子ども』幻冬社、二〇〇一年
小林正幸『学級再生』講談社、二〇〇一年
國分康孝・河村茂雄『学級の育て方生かし方』金子書房、一九九七年
子安増生『子どもが心を理解するとき』金子書房、一九九七年

子どもや保護者に寄り添える支援者を目指して

〈出会いの達人〉たれ！

このコラムでご紹介してきたトレーニング法は、私（阿部）の師匠や先輩方から現場の実践で直接受け継いだものばかりです。私は、本や研究から学ぶことが大変苦手で、実際に目の前でお手本を見せていただくことが必要だったのです。

これから技を磨こうという若い方の中には、受講料を払ってでも著名な先生に指導を受けたい、と思われる方も多いかもしれません。確かにそれも重要なことですが、実はあなたの周りに必ず「よいお手本」になる〈達人〉の先生がいらっしゃるはずなのです。「えっ？ そんな〈達人〉はいません！」とは決しておっしゃらずに、どうか心の目を開いて、あなたの周りをよく見てください。身近な〈達人〉が、あなたとの出会いをひそやかに待っています。また、素晴らしい子どもたち、そしてお父さん・お母さんたちとの出会いが、私たちを育ててくれます。

高知市に研修会でお招きいただいたとき、坂本龍馬は〈出会いの達人〉と呼ばれていることを知りました。そして「人が人を創るのだ」とも。

ぜひ、私たちもそんな〈出会いの達人〉を目指そうではありませんか。

おわりに

私は、幼児期から児童期にかけて、長期入院を伴う全身麻酔による手術を四度受けました。私にとって手術は、とても辛く厳しい経験で、麻酔をするときに香る「ニッキ」のようなにおいが嫌で、大人になっても「ニッキ」は好きになれなかったほどです。

手術室に向かうストレッチャーに乗り、廊下の天井を見つめながら、自分が強い人間になれたら、とそう願ったものでした。そんな私を勇気づけてくれたのは、両親が買ってくれた仮面ライダー1号の変身ベルトのおもちゃでした。手術直前に、それを腰につけてスイッチを押し、ベルトの風車を回すことで強い自分に変身し、勇気を得て手術室に向かうことができた気がします。

ちなみに偶然にも、達人のお一人である藤野博先生、そして編集を担当してくださった金子書房の加藤浩平さんも仮面ライダー1号の大ファンだと知り、とても感激したのでした。

手術が終わった後もしばらく病院で寝たきりの生活が続きましたが、私の入院生活の楽しみの一つは、それぞれのヒーロー必殺技がのっている「ヒーローカード」を眺めることでした。そしてもう一つは、小三から小六までの担任だった横山先生が持ってきてくださったクラスメイトの作文集でした。クラスメイトが私を励ますために心を込めて書いてくれたメッセージがまとめられていたのです。それぞれのヒーローに特徴的な必殺技があるように、クラスメイト一人ひとりの励まし言葉にはそれぞれ個性がありました。そして、私自身の気持ちによって、あるときはA君の、またあるときはBさんの言葉がフィットするのでした。なるほど、人を励ましたり、勇気づけたり、元気にしたりする言葉や方法は、どれか一つが正しいということはなく、支援を受ける子どもの気持ちによって変わってくるのだと感じるきっかけになりました。

さて、本書を作る際考えたのは、変身ベルト的な存在になるのは無理としても、せめて支援者の方々を勇気づけられるようなパワーのある本を作ろうということでした。そして、一つの支援方法に偏らず、さまざまな視点からのサポート方法を提示し、その中から読者の方がご自身の立場や状況によって自分にフィットしたものを選べるような本にしたかったのです。ですから、本書には素晴らしい達人の方々の「必殺技」の一部が紹介されています。そこから皆さんが自由に選んで、目の前で苦しんでいる子どもたちの支援に役立てていただければうれしく思います。

また、支援のエッセンスをまとめた「ズバッとカード」には、さまざまなスタイルがあるとお感じになったことでしょう。大石幸二先生はレインボーマン、中村智成先生はガンダム、今井正司先生はデンジマン、それぞれの先生方にとって憧れのヒーローもさまざまであるように、達人のメッセージにも個性があります。「ズバッとカード」では、それぞれの達人スタイルを残すことを大切にしました。あるカードは即戦力的であり、また、あるカードは何度も何度も読み返して味わえるようなものとなっています。たとえば、若手支援者にとって、今は難解な内容のカードであっても、五年後に読み返してみると「ああ、こういうことだったのか」と心にフィットするものに変わっているかも知れません。

とにかく、この本を皆さんに楽しんで読んでいただければ私たちは幸せです。私はすでに、本書を作るという最高の贅沢を味わいました。私自身が尊敬する、憧れる、素晴らしい達人の先生方が大変お忙しいにもかかわらず駆けつけてくださって、しかも惜しげもなく必殺技を見せてくれる、そんなうれしい本を作ることができた私は、つくづく幸せ者です。

執筆をご快諾くださった「達人」の皆さまには、心より感謝を込めお礼申し上げます。また、本書を作るためにたびたび集まってくれた、「チームZ」の中村智成先生、美和健太郎先生、今井正司先生、ありがとうございました。そして、私のわがままにとことん付き合ってくださったデザイナーの岡田真理子様、理想のデザインを手に入れることができたのもあなたのおかげです。今回も子育てをしながら徹夜で編集に協力してくれた妻にも、ありがとう。最後に、素晴らしいオリジナルキャラクターを描いてくださった加藤恵子様、連載を守ってここまで私を導いてくださった金子書房の加藤浩平様、本当に、本当にありがとうございました。

皆さんは、私のヒーローです。

二〇〇九年九月二十三日

阿部　利彦

著 者 紹 介

（執筆順）

嶋田洋徳
（しまだ・ひろのり）
早稲田大学人間科学学術院教授。
専門は、認知行動療法、行動臨床心理学、健康心理学。
子ども時代のあこがれのヒーローは、Gメン'75の刑事たち。

大石幸二
（おおいし・こうじ）
立教大学現代心理学部心理学科教授。
専門は、応用行動分析、特別支援教育、学校ソーシャルワーク。
子ども時代のあこがれのヒーローは、レインボーマン。

今井正司
（いまい・しょうじ）
名古屋学芸大学ヒューマンケア学部准教授。
早稲田大学応用脳科学研究所招聘研究員。
専門は、認知行動療法、認知臨床心理学、神経行動科学。
子ども時代のあこがれのヒーローは、デンジマン。

坂本條樹
（さかもと・じょうじゅ）
埼玉県所沢市発達障害・情緒障害通級指導教室「フロー」教諭。
専門は、教育心理学、学校カウンセリング、生徒指導。
子ども時代のあこがれのヒーローは、ウルトラセブン。

阿部利彦
（あべ・としひこ）
編者。

菅野　純
（かんの・じゅん）
早稲田大学名誉教授。
専門は、臨床心理学、学校臨床心理学。
子ども時代のあこがれのヒーローは、赤胴鈴之助、川上哲治。

原口英之
（はらぐち・ひでゆき）
国立精神・神経医療研究センター精神保健研究所 臨床心理士。
専門は、臨床心理学、応用行動分析。
子ども時代のあこがれのヒーローは、孫悟空（ドラゴンボール）。

小貫　悟
（こぬき・さとる）
明星大学人文学部教授。
専門は、臨床心理学、発達臨床、教育臨床。
子ども時代のあこがれのヒーローは、赤胴鈴之助（アニメ版）。

藤野　博
（ふじの・ひろし）
東京学芸大学教育学部教授。
専門は、コミュニケーション障害学、
臨床発達心理学。
子ども時代のあこがれのヒーローは、
仮面ライダー1号。

中村智成
（なかむら・ともしげ）
東京都町田市子ども生活部子ども発達支援課相談係臨床心理士。
専門は、応用行動分析、教育相談。
子ども時代のあこがれのヒーローは、
RX-78-2 ガンダム。

黒川君江
（くろかわ・きみえ）
全国コーディネーター研究会副会長。
NPO 法人発達障害支援ネット YELL 理事長。
専門は、通級指導、特別支援教育、
校内支援体制。
子ども時代のあこがれのヒーローは、
織田信長。

角張憲正
（かくばり・のりまさ）
市井の心理療法家。
東武中央病院相談室顧問。
専門は、臨床心理学、現象学的心理相談法、
学校コンサルテーション。
子ども時代のあこがれのヒーローは、
怪傑黒頭巾、矢車剣之助、赤胴鈴之助。

加藤陽子
（かとう・あきこ）
十文字学園女子大学人間生活学部人間発達心理学科准教授。
専門は、教育臨床心理学、学校カウンセリング、学生相談。
子ども時代のあこがれのヒーローは、
真弓、バース、掛布、岡田。

菊島勝也
（きくしま・かつや）
日本大学文理学部心理学科准教授。
専門は、児童青年期の臨床心理学、
学校カウンセリング。
子ども時代のあこがれのヒーローは、
工藤ちゃん（探偵物語）。

川上康則
（かわかみ・やすのり）
東京都立矢口特別支援学校主任教諭。
専門は、特別支援教育、個別の指導計画、
感覚統合。
子ども時代のあこがれのヒーローは、
「キャプテン」の谷口タカオ。

美和健太郎
（みわ・けんたろう）
埼玉県飯能市立教育センター
スーパーバイザー
専門は、教育臨床心理学、認知行動療法。
子ども時代のあこがれのヒーローは、
キン肉マン。

編者紹介

阿部利彦

（あべ・としひこ）


星槎大学共生科学部准教授。

埼玉県特別支援教育推進委員会副委員長。

専門は、学校カウンセリング、学校コンサルテーション。

子ども時代のあこがれのヒーローは、仮面ライダーとジェームズ・ボンド。

1968 年生まれ。早稲田大学人間科学部卒業、東京国際大学大学院社会学研究科修了後、東京障害者職業センター生活支援パートナー（現在のジョブコーチ）、埼玉県立総合リハビリテーションセンター心理判定員、東京都足立区教育研究所教育相談員などをへて現職。

著書に、『発達障がいを持つ子の「いいところ」応援計画』（ぶどう社、2006）、『教師の力で明日できる特別支援教育―スペシャルサポートをナチュラルサポートにつなぐ埼玉県所沢市の挑戦』（編著、明治図書出版、2007）、『クラスで育てるソーシャルスキル―U-SSTの技法』（分担執筆、日本標準、2009）、『クラスで気になる子のサッとツール＆ふわっとサポート333―LD、ADHD、高機能自閉症を持つ子が教えてくれた』（ほんの森出版、2009）、『発達障がいを持つ子の「いいところ」応援計画リターンズ』（ぶどう社、2009 年冬発行予定）、他多数。

※
本書は、月刊「児童心理」2008年4月号から2009年3月号にわたって連載された「な～んも心配ない！子どものやる気・根気・勇気を引き出すズバッと解決ファイル」（阿部利彦 with Team-Z著）に、大幅な加筆・修正をし、再構成したものです。

上のイラストは、「児童心理」連載中、よつばくらぶ（所沢市）広報部の入鹿山智子さんに描いて戴いたものです。（阿部）

クラスで気になる子の支援　ズバッと解決ファイル
達人と学ぶ！特別支援教育・教育相談のコツ

2009年10月20日　初版第１刷発行　　検印省略
2018年11月27日　初版第14刷発行

編著者　阿部利彦
発行者　金子紀子
発行所　株式会社　金子書房

〒112-0012　東京都文京区大塚3-3-7
電　話　03(3941)0111〔代〕
ＦＡＸ　03(3941)0163
振　替　00180-9-103376
URL http://www.kanekoshobo.co.jp

印刷＝藤原印刷株式会社
製本＝株式会社宮製本所

ISBN978-4-7608-2347-5 C3037